MINERVA
社会学叢書
57

ヴェーバーの迷宮
迷宮のヴェーバー

千葉芳夫著

ミネルヴァ書房

はしがき

本書は、これまで発表してきたヴェーバー関係の論文をまとめたものである。マンハイム知識社会学を研究していた私がヴェーバーに向き合うようになったきっかけは、『イデオロギーとユートピア』の末尾近くで示された、合理化の果てにユートピアが消滅し、人類は歴史への意思と展望を失う、というペシミスティックな見方に強い衝撃を受けたことにある。

合理化が歴史を消滅させる。そのようなことがありうるのか？　ありうるとすれば、どうしてなのか？　こうしたことを考えざるをえなくなった。

社会学で合理化を問題とするのなら、まず念頭に浮かぶのはヴェーバーである。そこで本格的にヴェーバーを読み始めることになった。当初は少しヴェーバーに寄り道して、すぐマンハイムに戻るつもりであった。だが、ヴェーバーは予想以上の難物であった。さまざまなところで、矛盾や混乱にぶつかることになったのである。その内、彼は決して体系的な理論家などではないことに気付いた。それと共に、矛盾や混乱をとおして何が見えてくるのかに関心が向くようになった。振り返ってみれば、それが本書を貫く視点となっている。

こうした視点を獲得し、それを示したのが、第1章「揺れるヴェーバー」であり、第2章「近代のペシミズム」はそれを準備した論考である。読者はまず、第1章、第2章から読み始めてほしい。その後の章は、補遺を除いて発表順に並べられている。第3章、第4章はヴェーバーの学問論・科学論に関するものである。第5、6、7章はそれぞれ個別のテーマからヴェーバーの合理性概念について考察したものである。第8、9、10章は脱呪術化概念に関する論考である。第3章以降の論考は、内容的に関連はあるが、それぞれその時々の問題関心に従って書かれたものなので、興味のある章を読んでいただければよい。

だが、それにしてもヴェーバーのテキストを読む作業は、泥沼に足を踏み込むようなものであった。一つの問題になんとか決着を着けたと思っても、すぐ側に別の問題が待ち構えていた。本書のタイトルを「迷宮」とした所以である。

本書は、ヴェーバーの迷宮をさまよった者の記録であると同時に、その迷宮への誘いでもある。

目次

凡例

ヴェーバーの著作は次のように表記している。（なお、訳語・訳文は変更している場合がある。）

「市町村」…Debattereden auf der Tagung des Vereins für Sozialpolitik in Wien 1909 zu den Verhandlungen über »Die wirtschaftlichen Unternehmungen der Gemeinden«, in *Gesammelte Aufsätze zur Soziologie und Sozialpolitik*, 2. Aufl.; J. C. B. Mohr, 1988. 中村貞二・山田高生・脇圭平・嘉目克彦（訳）「市町村の経済事業によせて」『マックス・ヴェーバー　政治論集1』、みすず書房、一九八二年　所収。

「価値自由」…Der Sinn der »Wertfreiheit« der soziologischen und ökonomischen Wissenschaften, in *Gesammelte Aufsätze zur Wissenschaftslehre*, J. C. B. Mohr, 1922. 木本幸造（監訳）『社会学・経済学の価値自由の意味』、日本評論社、一九七二年。

「客観性」…Die »Objektivität« sozialwissenschaftlicher und sozialpolitischer Erkenntnis, in *GAzWL*. 富永祐治・立野保男（訳）折原浩（補訳）『社会科学と社会政策にかかわる認識の「客観性」』、岩波書店、一九九八年。

「倫理」…Die protestantische Ethik und der Geist des Kapitalismus, in *Gesammelte Aufsätze zur Religionssoziologie I*, J. C. B. Mohr, 1920. 大塚久雄（訳）『プロテスタンティズムの倫理と資本主義の精神』、岩波書店、一九八九年。

「諸類型」…Die Typen der Herrschaft, in *Wirtschaft und Gesellschaft*, 5. rev. Aufl., J. C. B. Mohr, 1972. 世良晃志郎（訳）『支配の諸類型』、創文社、一九七〇年。

「序論」…Einleitung, in *GAzRS I*. 大塚久雄・生松敬三（訳）「世界宗教の経済倫理　序論」、『宗教社会学論選』、みすず書房、一九七二年　所収。

「儒教」…Konfuzianismus und Puritanismus, in *GAzRS I*. 大塚久雄・張漢裕（訳）「儒教とピュウリタニズム」、『宗教社会学論選』所収。

「儒教と道教」…Konfuzianismus und Taoismus, in *GAzRS I*. 木全徳雄（訳）『儒教と道教』、創文社、一九七一年。

「批判的研究」…Kritische Studien auf dem Gebiet der kulturwissenschaftlichen Logik, in *GAzWL*. 森岡弘通（訳）「文化科学の論理学の領域における批判的研究」、『歴史は科学か』、みすず書房、一九六五年　所収。

「新秩序」…Parlament und Regierung im neugeordneten Deutschland, in *Gesammelte Politische Schriften*, 5. Aufl., J. C. B. Mohr, 1988. 中村貞二・山田高生・脇圭平・嘉目克彦（訳）「新秩序ドイツの議会と政府」『マックス・ヴェーバー　政治論集2』、みすず書房、一九八二年　所収。

「政治」…Politik als Beruf, in *Gesammelte Politische Schriften*. 脇圭平（訳）『職業としての政治』、岩波書店、一九八〇年。

「法」…Rechtssoziologie, in *WuG*. 世良晃志郎（訳）『法社会学』、創文社、一九七四年。

「宗教」…Religionssoziologie, in *WuG*. 武藤一雄・薗田宗人・薗田坦（訳）『宗教社会学』、創文社、一九七六年。

「ロッシャー」…Roscher und Knies und die logischen Probleme der historischen Nationalökonomie, in *GAzWL*. 松井秀親（訳）『ロッシャーとクニース』（一）（二）、未來社、一九五五年。

「支配Ⅰ」…Soziologie der Herrschaft, in *WuG*. 世良晃志郎（訳）『支配の社会学Ⅰ』、創文社、一九六〇年。

「支配Ⅱ」…Soziologie der Herrschaft, 世良晃志郎（訳）『支配の社会学Ⅱ』、創文社、一九六二年。

「根本概念」…Soziologische Grundbegriffe, in *WuG*. 清水幾太郎訳、『社会学の根本概念』、岩波書店、一九七二年。

「経済行為」…Soziologische Grundkategorien des Wirtschaftens, in *WuG*. 富永健一（訳）「経済行為の社会学的基礎範疇」、尾高邦雄（責任編集）『世界の名著　61　ウェーバー』、中央公論社、一九七九年、所収。

「理解」…Über einige Kategorien der verstehenden Soziologie, in *GAzWL*. 林道義（訳）『理解社会学のカテゴリー』、岩波書店、一九六八年。

「序言」…Vorbemerkung, in *GAzRS I*. 大塚久雄・生松敬三（訳）「宗教社会学論集　序言」、『宗教社会学論選』。

「学問」…Wissenschaft als Beruf, in *GAzWL*. 尾高邦雄（訳）『職業としての学問』、岩波書店、一九八〇年。

「中間考察」…Zwischenbetrachtung: Theorie der Stufen und Richtungen religiöser Weltablehnung, in *GAzRS I*. 大塚久雄・生松敬三（訳）「世界宗教の経済倫理　中間考察」、『宗教社会学論選』。

第1章　揺れるヴェーバー

1　揺らぐヴェーバー像——序にかえて

もう二十年近く前からであるが、ヴェーバー像に揺らぎが生じている。「合理化された近代文明の賛美者」という山之内（『マックス・ヴェーバー入門』二八頁）の表現は、少々大げさであるとしても、かつてはヴェーバーは、近代合理主義者、あるいは少なくとも、近代（合理主義）を肯定的に捉えた学者、とみなされていた。だが最近では、「近代主義の批判者」（三二頁）とか、近代合理主義に懐疑的であった、という解釈のほうが優勢になっている観がある。ヴェーバーとマルクスという問題設定に替わって、最近では、ヴェーバーとニーチェとの関係がよく取り上げられるようになったことも、このようなヴェーバー像の変化と無縁ではない。

この背景には、もちろん、読み手の側の関心の変化があろう。単純化して言うならば、近代化＝合理化をいかに進めるかという問題意識から、近代の限界をいかにして乗り越えていくか、というそれへの変化である。しかし、それだけではなく、近年の多様な解釈の噴出は、ヴェーバー自体に、こうした多様な、ある場合には矛盾した解釈を許容する面があるということを示している。

「鉄の檻」という言葉は、発達した資本主義社会を形容するものとして彼が使ったものである。しかし、「鉄の檻」は、彼の論文のスタイルをも思い起こさせるものである。「社会学の根本概念」など方法論的著作に典型的に見られるように、概念を厳密に定義し、緻密に論理を組み立てていく。まさにがっちりと組み立てられた概念の「鉄の檻」。私は長い間このようなイメージを持っていた。だが、ヴェーバーを読み直していくうち、必ずしもそうではない、ということが分かってきた。彼の論文にも――論理的、あるいは価値評価的な――さまざまな矛盾があるのだ。こうした矛盾のいくつかは、近代（合理主義）に対する、彼のアンビバレントな態度に由来するものと考えることができる。

この論考では、「プロテスタンティズムの倫理と資本主義の精神」を中心に、こうしたヴェーバーにおける「揺らぎ」を考察する。これが少しでも、ヴェーバーの「エントツァウベルング」――このこともう珍しいことではなくなっているが――に寄与することができれば幸いである。

2　「プロテスタンティズムの倫理と資本主義の精神」の解釈

先に述べたようなヴェーバー像の変化にともなって、彼の諸作品も再解釈されてきた。「プロテスタンティズムの倫理と資本主義の精神」（以下では「倫理」論文と略記する）もその例に漏れない。一般的には、この論文は、ヴェーバーが「資本主義の精神」と呼んでいる生活態度ないしはエートスの成立を論じたものと受け取られている。

だが、山之内はこれとはまったく異なる解釈を提示している。「人間が官僚制的社会組織の歯車の一部と化し、『管理する僕（……）』あるいは『営利機械』（……）として『財産に仕える』というこの疎外された関係の倫理的起源は、まさしく禁欲的プロテスタンティズムにあるということ、これがヴェーバーのいわんとするところであった」と言うのである（『ニーチェとヴェーバー』ⅶ頁）。言い換えるならば、「鉄の檻」の歴史的起源が古プロテスタンティズムである、ということこそ、「倫理」論文でヴェーバーが主張しようとしたことなのだ、というのが彼の解釈の基本線である。

これは確かに大胆で、興味深い解釈ではある。だが、虚心に「倫理」論文を読むならば、ヴェーバーのテーマは「資本主義の精神」の起源にあり、山之内のような解釈は無理だ、ということは明らかであろう。ヴェーバー自身、この論稿は、「近代資本主義の精神の、いやそれのみでなく、近代文化の本質的構成要素の一つというべき、天職理念を土台とした合理的生活態度が、キリスト教的禁欲の精神から生まれ出た」ということを証明しようとするものだ、とはっきり述べている（「倫理」S. 202, 三六三―三六四頁）。山之内の解釈においてて重要な位置を占める、「鉄の檻」や「末人」で有名になった、現在や将来の状況への言及は、本来のテーマから言えば余分なことなのである。

しかし、山之内の解釈が全面的に誤っている、と言うこともできない。「倫理」論文の主題が何かという問題を離れて、それを読むならば、そのような読み方も十分可能である。むしろ、本来のテーマからすれば余計なことを、ヴェーバーがなぜ書いてしまったのか、あるいは、書かざるをえなかったのか、ということを考えるならば、そこに主題的には扱われなかった問題意識が示されているという解釈は、十分に成り立ちうるものである。もっとも、山之内の場合、——従来の解釈への批判のためであろうか——古プロテスタンティズムの否定的な面だけを読み取ろうとしており、これはこれで解釈としての問題性を残していると思われるのであるが。

さて、「倫理」論文の主題についての先のヴェーバーの発言を額面どおりに受け取るならば、それは「資本主義の精神」そのものではなく、その「本質的構成要素の一つ」である「天職理念を土台とした合理的生活態度」の起源を探究したものだ、ということになる。だが、そうなのだろうか。その論文は、タイトルどおり「資本主義の精神」と「プロテスタンティズム」との関連を考察したものではないのだろうか。

話を単純化するため、「天職理念を土台とした」という限定を外してみよう。すると、「倫理」論文のテーマは、「資本主義の精神」なのか「合理的生活態度」なのかということが問題となる。「資本主義の精神」は、もちろん「合理的生活態度」であるが、さらに、フランクリンの例に示されているように、営利あるいは仕事それ自体を人生の目標と考える、という特徴を持った特殊なそれだからである。

このような観念がなぜ生じたのかを、ヴェーバーは説得的に説明しているであろうか。確かに、Beruf およびそれに類する語の意味についての論及は見られる。だが、そこで結論的に言われていることは、ルターが初めて、その語を「召命」と世俗の職業労働との両方の意味で用いた、ということ(1)——つまり、職業労働が神に命じられたものとなった、ということ——だけであって、なぜそうなったのか、についての説明はなされていない。つまり、ルター以後、神がそう命じたから、信者はそれにしたがって行動した、と言うにとどまっているのである。カルヴァンの予定説が信者に職業労働への強い心理的強迫を与えた、という周知の説明と比較すれば、これはほとんど説明と言うに値しないものである。

ところで、「倫理」論文については、現行の『宗教社会学論集』に収められているものは、一九〇四年から〇五年にかけてアールヒーフに発表されたものに、かなり大幅な改訂を加えたものであることが知られている。この改訂を詳細に検討した安藤は、元の論文と現行論文とではテーマが大きく異なっている、と主張している。彼によれば、「原論文の主題は資本主義をめぐる『禁欲』論であり、その禁欲論をつうじて唯物史観を批判することが主問題であった。……『倫理』原論文においては、現行の姿における近代資本主義論は、直接のテーマとしては意図されていなかった」（『ウェーバー歴史社会学の出立』二一六頁）[2]。

もう一つ、原論文では、第三章以下でゼクテ論を書くことが計画されていたが、現行論文ではそれは存在しない。しかもそのゼクテ論は、現行の「プロテスタンティズムのゼクテと資本主義の精神」ではなく、一九〇六年に「教会とゼクテ」、および「アメリカ合衆国における〝教会〟と〝ゼクテ〟Ⅰ、Ⅱ」として発表されたものである（安藤によれば一九〇六年の両論文の間には、ほとんど変更はない）。そして、現行の「ゼクテ」は、後者のⅠにあたるものであり、団体結成をテーマとしたⅡの内容は、「支配の社会学」に移されている（二一五‐二一六頁、二二九‐二三二頁）[3]。つまり、改訂によって、禁欲論をとおしての唯物史観批判と団体結成という最初のテーマが見えにくくなり、近代資本主義論という性格が強くなった、と言うのである。

だが、それは、あくまで原論文と現行論文の主題の違いが見えにくくなった、ということに過ぎないのであって、原論文の主題が消え去ってしまったということではない。現行論文においても、唯物論批判の観点は明らかであるし[4]、カルヴィニズムが組織づくりの面で卓越していたという記述は残されたままである（「倫理」S. 98. 一六五頁）。そして、組織づくりにおいて優れていたということは、カルヴィニズムにおける、隣人愛や職業労働の非人格的、事象的（unpersönlich, sachlich）な性格から説明されている。おもしろいことに、この線をたどっていくならば、山之内の言う古プロテスタンティズムから「鉄の檻」へ、という論旨が浮かび上がってくる。つまり、原論文の構成が安藤の推測どおりであれば、その論旨は山之内の解釈に近づくことになるのである。もっともその場合でも、ヴェーバーが「鉄の檻」の起源を第一の問題としたかどうか、という点は疑問として残ることになるだろうが。

また、原論文においても、「資本主義の精神」の起源、および資本主義の成立にとってそれが持つ意義が中心的なテーマであることには変わりはない。安藤の言うように、近代資本主義という問題意識が旧「倫理」論文の執筆以降のものであるとしても、そこで扱われている問題が、内容的には近代資本主義および近代資本主義の精神であることには違いないのである。

安藤が原論文のテーマだとする禁欲論ももちろん削除されてはいない。それどころか、先に見たように、それがこの論文の主題だとはっきり言われているわけである。それでは、禁欲論として見た場合、「倫理」論文の説明は十分なものと言えるであろうか。

禁欲的生活態度はカルヴィニズムをはじめとする古プロテスタンティズムにおいて初めて成立したわけではない。ヴェーバーによれば、西洋的禁欲は、中世の修道院の中で、「合理的生活態度の組織的に完成された方法として、すでにできあがっていた」(S. 116. 二〇一頁)。方法的、合理的生活態度という点から見るならば、「宗教改革は合理的なキリスト教的禁欲と組織的な生活態度を修道院から牽き出して世俗の職業生活の中に持ちこんだ」に過ぎない(S. 117. 二〇三頁)。とすれば、禁欲と合理的生活態度の形成ということを問題とするのであれば、少なくとも中世の修道院における禁欲にまで遡らなければならない、ということになる。そうして初めて、古プロテスタンティズムにおける禁欲がそれとどう違い、それに何を付け加えたのかを明らかにすることができるのである。だが、ヴェーバーが詳論しているのは、古プロテスタンティズム、特に、カルヴィニズムにおける禁欲とエートスとの関係についてだけである。これでは、禁欲論としても不十分だ、と言わざるをえない。

原論文と現行論文の違い、ということで言えば、「脱呪術化（Entzauberung）」という概念もそうである。テンブルックの指摘によってよく知られているように、「脱呪術化」という言葉を含む文章は、原論文にはなく、改訂に際して加筆されたものである。「世界の脱呪術化という宗教史上のあの偉大な過程、すなわち、古代ユダヤの預言者とともにはじまり、ギリシャの科学的思考と結合しつつ、救いのためのあらゆる呪術的方法を迷信とし邪悪として排斥したあの脱呪術化の過程はここに完結をみたのだった」（S. 94-95. 一五七頁）。この今ではよく知られるようになった、カルヴィニズムとカトリシズムの「無条件に異なる決定的な点」について述べた箇所ももちろんそうである。そして、テンブルックは「この箇所は『倫理』論文の中では全くの異物」であり、「後になっての認識を示すものである」と言う（『マックス・ヴェーバーの業績』一一一-一一二頁）。ヴェーバーの研究の主題は、「合理化過程」であり、そのうち古代ユダヤ教からプロテスタンティズムに到る宗教的過程が「脱呪術化過程」なのだ、と彼は解釈する（一一四-一一七頁）。だが、このような考えは、原論文執筆当時のヴェーバーにはまだ明確ではなかった。そして、改訂に際して、後になって得られた認識を付け加えたことによって、その箇所は、「倫理」論文の中だけでは理解しがたいものになった、と言うのである。

このように、「倫理」論文は、改訂によってかえって論文としての統一性を欠くものとなってしまったのである。だが、多様な論点が整理されないまま混在するという論文の性格は、原論文からのものだと言えそうである。

ヴェーバーの合理性、合理主義、合理化といった一連の概念が、非常に多義的であること、また彼が、それは特定の立場から見てのものに過ぎず、対立する立場から見れば、非合理的と見なされるものであることを十分に理解していたことは、これまたよく知られていることである。「倫理」論文における古プロテスタンティズム、あるいは「資本主義の精神」についての記述・説明にも、分析的には区別されるべきいくつかの合理性が含まれている。第一は、合理的生活態度、あるいは生活態度の合理化である。第二に、経済的合理主義。ここでは、最大の利潤が得られるよう「計算する」態度のことである。第三に、合理的な組織形成。安藤の言う団体結成。第四に、「脱呪術化」。このようなこれまで取り上げてきた論点のほかに、第五に、現世の合理的形成・改造という意味での合理性への論及が見られる。

「……この禁欲的な生活のスタイルは、……神の意志に合わせて全存在を合理的に形成するということを意味した」（「倫理」S.163, 二八六頁）。これは、特にカルヴィニズムに当てはまることである。神の道具としての人間観、被造物神化の拒否、非人格的な隣人愛といった特徴から、「選びの教説によって解き放たれた聖徒たちの行為への起動力は、ひたすら現世の合理化への努力となってほとばしりでた」（S.99, Anm., 一六九頁）。それは、「神が人間生活の社会的構成が彼の誡めに適い、その目的に合致するように編成されていることを欲し給うから」（S.100, 一六六頁）であり、「神は現世の形づくられたもの、だからまた社会的秩序の中において、事象的かつ合目的的なものを、必ずみずからの栄化の手段として欲したまう。それは被造物自体のためではなしに、被造物界の秩序をみずからの意志に従わせんがため」（S.99, Anm., 一六九頁）である。明らかに、現世を合理的なものに改造しようとする志向の持つ「合理性」は、「合理的生活態度」における

「合理性」とは、別種のものである。

「脱呪術化」は、原論文にはなく、後から追加された視点であるので別としても、他の合理性はすべて、「資本主義の精神」、あるいは古プロテスタンティズムの本質的な属性であるかのような記述がなされている。だが、ヴェーバーの研究の主題が西洋の合理化過程に、あるいは西洋独特の合理主義にあったとするならば、こうしたさまざまな合理性相互の関連、あるいはそれらの歴史的意義や重要度を明確にする必要があったはずである。しかし、こうした合理性相互の関連の分析的解明は、「倫理」論文においてはほとんどなされていないのである。いや、「倫理」論文においてだけではない。

「世界宗教の経済倫理」や『経済と社会』の中の「宗教社会学」において、ヴェーバーはプロテスタンティズムあるいはピューリタニズムとその他の宗教との比較を行っている。そして、そこで彼がプロテスタンティズムやピューリタニズムの特徴として挙げていることは、ある時には、それのみが方法的、合理的な生活態度を形成することができた、ということであり（「儒教」S. 524, 一八七頁、「宗教」S. 378-379, 三三二頁）、ある時には、それのみが経済的合理性と結びつきえた、ということであり（「宗教」S. 292, 一二四-一二五頁）、またある時には、それのみが現世を改造する力を持ちえた、ということである（「序論」S. 263, 七六頁）。このように、他の著作を参照しても、彼が多様な合理性の歴史的重要性や相互の関連をどのように考えていたのかは、明らかにはならないのである。

「倫理」論文が扱っているのは歴史的過程の一面に過ぎず（「倫理」S. 204-206, 三六八-三六九頁）、またそれは「理念型」であって、現実の過程の記述や説明では必ずしもない、というヴェーバーの方法論的な留保にもかかわらず、彼が西洋の歴史的過程を宿命的な合理化の過程として描き出した、と受け取られていることの少なくとも一因はそこにある。古代ユダヤ教に始まり、中世カトリックの修道院、古プロテスタンティズム、「資本主義の精神」を経て、現代の「鉄の檻」に到る宿命的な合理化。他に途はないかのようである。『コミュニケイション的行為の理論』におけるハーバーマスのヴェーバー批判の中心点もここにある。つまり、異なった合理性のあり方、異なった方向への合理化の可能性、こうしたことが、ヴェーバーにおいては閉ざされてしまっているということである。

3 プロテスタンティズムの評価

ヴェーバーは古プロテスタンティズムをどう評価していたのだろうか。もちろん、価値自由を方法的規準とする彼が、あからさまな形で評価を示しているわけではなく、それゆえにこの点に関しても異なった解釈が提出されることになる。かつては、彼を「倫理」論文で描かれたプロテスタントに重ね合わせるというような解釈が主流であった。青山の『マックス・ヴェーバー』（一九五一）がその典型だと言えよう。だが、山之内は、ヴェーバーがプロテスタンティズムに批判的になっていったのだ、という逆の解釈を提示している。「ヴェーバーはプロテスタント的精神の権化としてあの論文を書いたのではない。彼は、自己のうちなるプロテスタント的エートスと死闘を演じ、それを相対化することによって新たな精神をもって再生した。」「倫理」論文はそうした「死と再生の記録」として読まれるべきだ、と言うのである（「ニーチェ、ヴェーバーと宗教」二八八頁）。このように、プロテスタンティズムに対する評価という点においても、ヴェーバー解釈に揺らぎが生じている。

「倫理」論文においてヴェーバーが、「近代資本主義の精神」の起源として、それゆえ、近代資本主義という合理的文化の歴史的起源として、古プロテスタンティズムを捉えていることは確かである。だが、歴史的意義の評価ではなく、宗教としてそれを肯定的、好意的に見ているかというと、必ずしもそうとは言えないようである。

山之内は、ヴェーバーが「カルヴィニズムの教説が非人間的な面をもつということを何度も繰り返して指摘して」いる、と言う。脱呪術化の結果、「いまや社会関係は、神の意志を地上に実現する事業という一点にのみ集中するところの、非人格的で事務的な合理性に向かって洗練されていくことにな」る。そして、「ヴェーバーは、この非人格性は、カルヴィニズムの場合、人間的なあたたかさとか、いたわりといったものときわめてかけ離れたところまで進んでしまったという意味で、非人間的な性格を帯びるまでになった、と述べている」と言うのである（『マックス・ヴェーバー入門』八四-八六頁）。

ここから、彼は次のような結論を引き出す。「ヴェーバーは、宗教改革期においてカルヴィニズムがもった改革思想の非合理性を通して、禁欲的な職業労働のエートスが生まれてきたことを語っているのですが、しかし、それは同時に非人間的と言わざるを得ない内容をもっていたと指摘しています。つまり、古プロテスタンティズムのもつ非人間性ということが、最初からテーマとして設定されているのです」（八六頁）。

確かに、ヴェーバーは、カルヴィニズムの教えが「悲愴な非人間性（Unmenschlichkeit）」を帯びていると述べており（「倫理」S.93、一五六頁）、また、その「非人格的な（unpersönlich）隣人愛」については、「『隣人』との関係における『人間性（Menschlichkeit）』はいわば死滅しさった」と言っている（S.101, Anm.3、一七一頁）。

だが、「非人間性」という言葉を、ヴェーバーが明らかに批判的、否定的な意味合いで用いているかどうかはさほど明らかでもない。「悲愴な非人間性をおびる」教説、という部分を安藤は「激越で人間ばなれのした」と訳しているが（『ヴェーバー歴史社会学の出立』二九四頁）[5]、この程度の意味合いだとも考えられるのである。また、「非人格的」という語は何度も使われているが、「非人間性」という語は、（「人間性」を含めても）「何度も繰り返し」使われているわけではない。ここから言いうることは、ヴェーバーが注目したのは、むしろ、古プロテスタンティズムの非人格性の方だということである。そして、ヴェーバーにとって非人格的ということは、貶価的意味合いを持つものではない。特に、カルヴィニズムの隣人愛の非人格性は、社会全体のために（役立つ職業）という意味を持っており、大塚などは、「有効な隣人愛の実践」だとむしろ肯定的に評価している（『社会科学における人間』一五〇頁）。

しかし、「非人格的」だけではなく、「非人間性」という言葉を使う、という事のうちには、やはりヴェーバーのある評価的態度が示されているように思える。彼は、「イギリスのピューリタニズムの諸著作がしばしば、人間の援助や人間の友情に一切信頼をおかないよう訓戒している顕著な事実」を次のような例を挙げて語っている。「穏健なバックスターでさえ、もっとも近しい友人に対しても深い不信頼をもつことをすすめ、ベイリーはあからさまに、誰も信頼せず、迷惑のかかるようなことは誰にも言わないのがよい、神だけが信頼しうるかただ、と説いている」（「倫理」S. 96. 一五八頁）。

さらに、「隣人愛の非人格性」の例として、カルヴィニズムにおける伝道が取り上げられている。それは、単に神の教えを説くだけでいい、というものである。つまり、相手が改宗するかどうか、またそれによって救われるかどうかはもちろん、そもそも言葉が理解されているかどうかにさえ無関心なものだとされている。

それに、「『隣人』との関係における『人間性』はいわば死滅しさった」という文章が続くのである。そして、その後には、アムステルダムの孤児たちが、一種の道化の服装をさせられ、教会まで行進させられる、という例が引かれ、こうしたことが、「すべて『人格的で人間的な（persönlich- »menschlich«）』感じ方をする人々が必ずや不快に思うのと同じ程度に、神の栄光に役立つものとされていたのだ」という言葉が続く（S. 100-101. Anm. 3, 一七一-一七二頁）。

こうした箇所で述べられていることは、カルヴィニズムあるいはピューリタニズムにおける人間に対する冷淡さ・冷酷さである。これが「非人間性」の内容だと断定することまではできないが(6)、古プロテスタンティズムがこうした性格のものであった、ということを、彼が十二分に認識していたことは確かである。

このことは、ヴェーバーの宗教観とも関わってくる。

「中間考察」と「宗教社会学」とには、宗教とその他の生活諸領域との緊張関係を考察した、内容的にはよく似た箇所がある。「中間考察」は、「儒教と道教」と「ヒンドゥー教と仏教」との中間に置かれ、それらの非西洋的な宗教とプロテスタンティズムとの比較がテーマとなっている。しかし、そこでは両者が直接比較されるのではなく、救済宗教における「同胞倫理（Brüderlichkeitsethik）」と経済、政治、美、性愛、そして知といった諸領域との緊張関係が論じられている。「宗教社会学」では、第十一節「宗教的倫理と『現世』」がそれにあたるが、その第二項は、「宗教的倫理の基盤としての隣人―倫理」となっている。この表題は、どうやら編者であるヴィンケルマンが付けたものらしいし、本文中にもそのような表現があるわけではない。だが、そこでも、「同胞愛（Brüderlichkeit）」を考察の軸とするという、「中間考察」とほぼ同様の論述方法が採られている。このことは、ヴェーバーが、「救済」よりもむしろ、「同胞愛」あるいは「同胞倫理」を宗教の核心と見なしている、という事を意味するものであろう。

宗教と経済との緊張関係を「原理的にかつ内面的に避けてとおる道」として、ピューリタニズムの職業倫理と仏教における「慈悲」の二つが挙げられている。そして、前者については、次のように言われている。「それは究極において、根拠を知りえず、しかもつねに特殊的でしかありえないような恩恵のために、人間すべてにとって自力で到達可能な目標たりうる、そうした救いを原理的に放棄してしまうことに他ならなかった。こうした反同胞倫理的な立場は、真実のところ、もはや本来の『救いの宗教』ではないであろう」（「中間考察」S. 546, 一一六頁）。

プロテスタントは、ひたすら来世での救いを求めて行為し、その「意図せざる結果」として、資本主義の社会を作り出してしまったのだ、というのが「倫理」論文の論旨であった。その宗教が、ここでは「本来の救いの宗教」とは言えないとされているのである。つまり、ヴェーバーは、カルヴィニズムやピューリタニズムを宗教の極限にあるもの、ほとんど宗教とは言えないもの、とみなしているということである。

同様のことが「資本主義の精神」についても言える。ヴェーバーは、「資本主義の精神」は「『非合理的生活』への『合理化』である」というブレンターノの指摘を首肯し、次のように言っている。「営利は人生の目的と考えられ、人間が物質的生活の要求を充たすための手段とは考えられていない。これは、とらわれない立場（das unbefangene Empfinden）から見れば、『自然』の事態を倒錯したおよそ無意味なことと言える」（「倫理」S. 35-36, 四八頁）。「事業のために人間が存在し、その逆ではない、というその態度」は、「個人の幸福の立場からみるとまったく非合理的」である（S. 54, 七九-八〇頁）。ヴェーバーは、もちろん単純な「幸福主義」や「快楽主義」の立場にたっているわけではない。そして、こうした記述が、「合理的」という概念の意義の多様さを示すためのものだ、と言うのも（S. 35, Anm. 1, 四九-五〇頁）、多分そのとおりであろう。だが、「合理的」であるかどうかが、立場次第だということであれば、――価値合理的ではあるのだから――それを合理的だ、と言ってもよかったはずである。にもかかわらず、ブレンターノに同意して、「非合理的」だと言い、また、「とらわれない立場」からすれば「倒錯」だ、という言い方をしている。このことは、ヴェーバーがそれを全面的に肯定しているわけではなく、そこにある種の異様さを感じている、ということを示唆するものである。

山之内は、古プロテスタンティズムにたいしてヴェーバーが批判的であったということを、彼が職業人（Berufsmensch）というあり方を否定したことと結びつけている。だが、ヴェーバーは、「倫理」論文の終わり近い部分で次のように述べている。「近代の職業労働が禁欲的性格を帯びているという考えは、決して新しいものではない。専門の仕事への専念と、それに伴うファウスト的な人間の全面性からの断念は、現今の世界では全て価値ある行為の前提であって、したがって『行い（Tat）』と『断念』は今日ではどうしても切り離しえないものとなっている」。そして、数行置いて、「ピューリタンは職業人たらんと欲した――われわれは職業人たらざるをえない」という、これもよく知られるようになった一文が続く（S. 203, 三六四頁）。明らかに、ヴェーバーは、決して職業人を否定してはいないのである。また、ヴェーバーが最晩年に行った講演は、「職業としての学問」と「職業としての政治」であった。そして、そこでも彼は、決して職業人を批判したり、否定したりしているわけではない。

だが、「倫理」論文の語り口からは、決して積極的な肯定でもないのではないか、という事が感じられる。古プロテスタントは、職業人であろうと欲したわけだが、現代に生きる我々は、職業人「たらざるをえない」のである。「欲する（wollen）」のではなく、「たらざるをえない（müssen）」のだ、という言い方には、たとえ望まなくとも、というニュアンスが感じられる。

「『職業義務（Berufspflicht）』の思想はかつての宗教的信仰の亡霊として、われわれの生活の中を徘徊している」（S. 204. 三六五頁）。「倫理」論文のヴェーバーにとっての個人的・実際的なテーマは、実はここにあったのではないか。つまり、職業義務の思想の——今では失われてしまった——思想史的、意味的起源を探究するということである。そして、「倫理」論文を書くことによって、「職業義務」の思想を受け入れざるをえないこと、「職業人」として生きていかざるをえないことを彼は受け入れたのではないだろうか。このように解釈するなら、事態は山之内の解釈とは逆になる。ヴェーバーは、古プロテスタンティズムに対して批判的ないし懐疑的でありながらも、その精神の末裔たる「職業人」というあり方は受け入れざるをえないと考えるに到ったのである。

4　禁欲と人格

禁欲は、合理的、方法的生活態度の形成との関連で問題とされているのであるが、それはまた、人格というテーマとも密接に関連している。

「職業としての学問」において、ヴェーバーは、近頃の若い人たちの間に、「人格（Persönlichkeit）」と「体験（Erleben）」という「一種の偶像崇拝」がはやっている、と述べている。「体験」が「人格」を作り出す、と彼らは考え、苦心して「体験」を得ようとしている（「学問」S. 533. 二七頁）。これは、非合理的な「体験」

に重きを置き、それによって学問の「合理主義」や「主知主義」を超えようとするロマン主義的な態度である（S. 540. 四一－四二頁）。だが、「学問の領域において『人格』を持つのは、純粋にその事柄・仕事（Sach）に仕える人のみである」、とヴェーバーは彼らを批判する（S. 533. 二七頁）。

ロマン主義は、「人格的生のほの暗い未分化の植物的『底層』のなかに、すなわち、気質と気分との展開のかぎりない精神物理的諸条件の錯綜にもとづく『非合理性』……のなかに、人格的なものに固有の神聖さを求めようとする」（「ロッシャー」S. 132. （二）一二八－一二九頁）。このように、ロマン主義は、人格を非合理的なもの、「謎」と捉え、それを「意志の自由」の根拠と考えるのである。

これに対してヴェーバーは、「特定の究極的『価値』と生の『意義』……に対する恒常的な内的関係のうちにその『本質』が見出されるような人格の概念」を対置している（S. 132. 一二八頁）。そして、それは、行為者の決断が自己の考量に基づいてなされるという意味で、「より自由に」なるにつれてますます力を持ってくる概念である。

このように、人格の非合理的な概念に、合理性に基礎を置く人格概念が対置されているのである。そして、その合理性も、目的合理性というよりは価値合理性であることも先の引用から明らかであろう。「客観性」論文でも、「人格」の最も内面的な要素は、「最高かつ究極の価値判断」だとされている（「客観性」S. 152. 三六頁）。

「『恒常的な動機』の複合体」という形式的な意味での「人格」の概念は（「ロッシャー」S. 47. （一）一〇二頁）、方法的、合理的生活態度と極めて密接に関連する、あるいは、ほとんど同義だと言ってもいいものである。そして、こうした意味での人格の起源は、キリスト教的な禁欲に求められている。「ピューリタニズムの禁欲――およそ『合理的』な禁欲はすべてそうだが――の働きは、『［一時的な］感情』に対して『持続的な動機』を、とくに禁欲自体によって『修得』された持続的動機を固守し主張する能力を人間にあたえること、――つまり、こうした形式的・心理的な意味における『人格』に人間を教育することだった」（『倫理』S. 117. 二〇一‐二〇二頁）。

これは、いわゆる「近代的」な人格概念だと言えるだろう。しかし、中世カトリックの修道院においてこのような人格はすでに誕生していたのである。そして、カルヴィニズム以降のプロテスタンティズム諸派が、この人格を世俗のうちに引き出すことになる。だが、そうだとすれば、そこにはパラドックスが存在することになる。

それは、カルヴィニズムにおける「神の道具」としての人間という人間観に起因するものである。ヴェーバーの言う「人格」は、感情や伝統に流されることなく、自己をコントロールしうる「主体」を意味する。「道具」は、主体性を持ちえない。「神の道具」となることによって初めて、人格が得られたのであれば、近代的「人格」は、主体性を捨てることによって主体となりえたのだ、ということになる。また、カルヴィニズムの場合には、このことと、非人格的、事象的な関係や態度が優越するようになることとは、深く結びついている。つまり、人格と非人格的な世界とが、表裏一体のものとして成立した、という逆説的な事態が生じたのである。

だが、ヴェーバーは、まさしく近代をそのようなものとして捉えていたのであろう。問題は、そのような「人格」とはいったい何なのか、ということであり、彼がそれをどう考えていたのか、ということである。

しかも、ヴェーバーは、彼の時代には「禁欲の精神」はすでに姿を消してしまった、と考えている。「今日では、禁欲の精神は……この鉄の檻から抜け出してしまった」（S. 204. 三六五頁）。人格がキリスト教的禁欲によって生みだされたのであれば、禁欲の精神が失われたとき、人格はどのような運命をたどることになるのか。禁欲とともに人格も姿を消してしまうのか、それともなんらかの形で生き延びていくのか。生き延びていくとすれば、それは何を支柱とするのか。こうした問題が生じてくる。

「職業としての学問」においても、同じ人格概念に依拠していることからも窺えるように、ヴェーバーは、現代においても、人格が消え去ったとは考えていない。だが、世俗内禁欲の態度が姿を消してしまった今では、それを維持することは難しい。「職業としての学問」の最後で彼は次のように述べている。新しい預言者や救世主をいたずらに待ちこがれるというような態度は改め、「自分の仕事に就き、そして――人間的にも職業的にも――『日々の要求』に従おう。このことは、もし各人がそれぞれその人生をあやつっているデーモン（守護霊）をみいだしてそれに従うならば、容易にまた簡単におこなわれうるのである」（「学問」S. 555. 七四頁）。脱呪術化が進み、「神々の闘争」があからさまとなった時代には、そのことは、決して「容易」でも、「簡単」でもないということを、彼は理解していたはずであるが、その点はここではおいておくことにしよう。

形式的には、自分なりのデーモン、あるいは価値を選び取り、そのために「生き抜く」（「客観性」S. 152. 三七頁）ことを、彼はやはり勧めているのである。だがそれは、抽象的な価値というようなものではなさそうである。具体的には、人格の支柱となりうるものは、「倫理」論文の中で「かつての宗教的信仰の亡霊として、われわれの生活の中を徘徊している」と言われていた「職業義務」の観念である。「学問の領域で、『人格』をもつのは、純粋にその事柄・仕事（Sach）に仕える人のみ」なのである。

「職業としての政治」の中でも同様のことが述べられている。彼は、政治家にとっての重要な資質として、情熱、責任感、判断力の三つを挙げている。ここで言う情熱とは、「事柄に即するという意味での情熱、つまり『ザッヘ』への情熱的献身、そのザッヘを司っている神ないしデーモンへの情熱的献身のことである」（「政治」S. 545. 七七頁）。そして、情熱、責任感、判断力という三つの資質を所有することによって、「政治的『人格』の『強靱さ』」が生まれる（S. 546. 七九頁）。明らかに、ここにおいても、人格は職業への献身によって支えられているのである。

こうしたことを考えるならば、ヴェーバーが「職業人」というあり方を、批判的、否定的に捉えている、という山之内の解釈は、受け入れられないものとなる。それどころか、現代において「人格」であるためには、「職業人」たらざるをえない、というのがヴェーバーの考えなのである。

だが、前にも述べたように、それは全面的な肯定ではない。「われわれは職業人たらざるをえない」という言い方、また、「このような時代の宿命に男らしく堪える」（「学問」S. 554. 七二頁）という言い方には、どこかネガティブなニュアンスが感じられる。決して、好んで、また望んでそうするのではない。宿命だから受け入れざるをえないのだ、というニュアンスが。これは、ニーチェの「運命愛」と同類のものであろう。

「ピューリタンは職業人たらんと欲した、――われわれは職業人たらざるをえない」という一文の前で、彼は次のように述べている。「専門の仕事への専念と、それに伴うファウスト的な人間の全面性からの断念は、現今の世界ではすべて価値ある行為の前提であって、したがって『行い』と『断念』は今日ではどうしても切り離しえないものとなっている。……彼（ゲーテ）にとって、この認識は、ゆたかで美しい人間性（Menschentum）の時代からの断念を伴う、そうした袂別を意味した。そうした時代は、古代にアテナイの全盛期がくりかえし現れなかったのと同様に、われわれの時代の文化発展のなかでもう一度現れてくることはもはやないのだ」（『倫理』S. 203, 三六四頁）。

ここでヴェーバーは、ゲーテに託して、自らの密かな思いを吐露しているように見える。「職業人」として、「職業（ザッヘ）」に尽くすことによってのみ、かろうじて人格でありうる世界。そうした世界のあり方を、西洋の宿命として受けとめつつ、もはや現れてくることのない「ゆたかで美しい人間性の時代」への憧憬を、ここで彼はふと漏らしたのではないだろうか。

もっとも、これもヴェーバーの一面に過ぎないようである。「隷従の檻」と化した官僚制社会からの脱出の希望をカリスマ的指導者に見出したのだ、という解釈もあれば[7]、いや、合理化され尽くしたかに見える世界の中で、エロスの領域に救いを求めたのだ、という解釈もある[8]。そして、こうした解釈も、決して成り立ちえないものではなさそうである。

ヴェーバーの思想の特徴を「緊張」に見出す解釈もある[9]。原理的に異質な、あるいは対立する諸領域・諸立場のどれか一つに加担したり、あるいはそれに他の立場を還元したりするのではなく、その「緊張」の内に身を置く、という思考態度が彼の特徴だというのである。確かに、事実判断と価値判断をめぐる議論や「神々の闘争」に関する議論は、そのような特徴を示している。

しかし、この意味で「緊張」と言いうるのは、諸領域・諸立場の異質性や関係性について考え抜き、それを対自化している場合だけであろう。本章で取り上げてきた事柄は、それとは違っている。明らかに矛盾したことを彼は語っており、しかも、それを十分には自覚していないように思える。「緊張」と言うよりは、「揺れ」と表現する方が適切であろう[10]。

ヴェーバーには、非合理的なものに強く魅了されるような面があったのではないか。彼の合理主義は、むしろそれゆえのものなのではないか。だからこそ、合理主義の枠に納まり切らないものが、時として、さまざまな「揺れ」となって、現れてくるのではないだろうか。あるいは、彼自身このことを自覚していたのかもしれない。事実判断と価値判断を峻別すべし、という要請は、価値感情における揺らぎが学問という「職業」を貶めることのないようにするための方法論的な工夫であったのかもしれない。

注

（1）これは誤りである、ということを羽入は文献学的に究明している。もっとも、彼の批判は、ヴェーバーの「知的誠実性」に向けられたものであり、「ヴェーバー・テーゼ」そのものの批判ではない。羽入辰郎「マックス・ヴェーバーの『魔術』からの解放」『思想』八八五号、一九九八年。

（2）なお、現行の「倫理」論文で「近代資本主義」となっている箇所は、全て改訂に際しての加筆であるか、あるいは、原論文では単に「資本主義」となっていたものに「近代」という形容詞を加えたかのどちらかである（『ヴェーバー歴史社会学の出立』二五七頁）。

（3）「アメリカ合衆国における〝教会〟と〝ゼクテ〟」は、安藤によって訳され、安藤編、梶山力訳『プロテスタンティズムの倫理と資本主義の《精神》』、未來社、一九九四年に収められている。

（4）例えば、「この場合、『物質的』関係の『観念的上部構造』への『反映』を云々するのはまったくの無意味だろう」（「倫理」S. 60. 八五頁）。

（5）訳語について一言。梶山力の訳では、最初の Unmenschlichkeit は、「非人情性」となっている（『プロテスタンティズムの倫理と資本主義の《精神》』一八四頁）。これについて、安藤は、unpersönlich は、一人ひとりの人間のためでなく「社会的な」という意味であるから「非人間的」でよく、unmenschlich は、梶山のように「非人情的」と訳し分けるのが妥当だ、と言っている（『ウェーバー歴史社会学の出立』三一五頁）。だが、人情をはさまない、つまり、人間的な感情を排するというのは、むしろ unpersönlich の語感ではないだろうか。さらに、梶山訳では、第二の引用部分は、「隣人関係の『人間性』は死滅し去ったと言ってもよい」となっており、ここでは、Menschlichkeit は「人間性」と訳されている。

大塚訳では、それぞれの箇所は「非人間性」と「人間性」となっており、この限りでは一貫している。だが、unpersönlich を「非人格的」と訳しながら、persönlich は、「人間的」であったり、「個人的」であったりしている（『倫理』S. 99. Anm. 一六八、一六九頁）。また、Unpersönlichkeit を「非人間性」としている箇所もある（S. 201. 三六三頁）。このあたりは、翻訳上の問題ということにもなろうが、原語との対応関係は分かりにくくなっている。ちなみに、persönlich- »menschlich« は、「人間的で温かい」である（S. 101. Anm. 3. 一七二頁）。梶山訳では、「人格的・『人間的』」となっている（『プロテスタンティズムの倫理と資本主義の《精神》』一九六頁）。

本章では、menschlich(keit). unmenschlich(keit) を「人間的（性）」、「非人間的（性）」、persönlich. unpersönlich を「人格的」、「非人格的」に統一しておくことにする。

（6）「非人間性」がこうした人間への冷淡さを意味するものと考えるなら、「非人格性」が行き過ぎて「非人間的」になるという山之内の解釈とは逆に、そもそも「非人間的」であるのだから、その活動は、「非人格的」なものとならざるをえないのだ、ということになるだろう。

（7）Mommsen, W., *Gesellschaft, Politik und Geschichte*, Suhrkamp, 1974.（中村貞二・嘉目克彦・米沢和彦訳『マックス・ヴェーバー――社会・政治・歴史』、未來社、一九七七年）。

（8）ノルベルト・ボルツ、山本尤・大貫敦子訳『批判理論の系譜学』、法政大学出版、一九九七年、五三-五四頁。

（9）浜井修『ウェーバーの社会哲学』、東京大学出版会、一九八二年、九-一〇頁。

（10）もっとも明瞭な例は、「職業としての政治」における「責任倫理」と「心情倫理」との関係であろう。（拙稿、「『神々の闘争』と科学」、『社会学部論集』第二九号、一九九六年、（本書第4章）参照。）

参考文献

安藤英治『ウェーバー歴史社会学の出立』、未來社、一九九二年。

安藤英治編、梶山力訳『プロテスタンティズムの倫理と資本主義の《精神》』、未來社、一九九四年。

青山秀夫『マックス・ウェーバー』、岩波書店、一九五一年。

大塚久雄『社会科学における人間』、岩波書店、一九七七年。

フリードリッヒ・H・テンブルック、住谷一彦・小林純・山田正範訳『マックス・ヴェーバーの業績』、未來社、一九九七年。

山之内靖『マックス・ヴェーバー入門』、岩波書店、一九九七年。

山之内靖『ニーチェとヴェーバー』、未來社、一九九三年。

山之内靖「ニーチェ、ヴェーバーと宗教」『岩波講座　宗教と科学』第5巻、岩波書店、一九九二年。

第2章　近代のペシミズム――ヴェーバーとニーチェをめぐって

はじめに

ヴェーバーは、西欧の近代化や合理化を研究の主要なテーマにしたが、決してそれを手放しで肯定したわけではなかった。このことは、「鉄の檻」や「末人（die letzten Menschen）」について述べた「プロテスタンティズムの倫理と資本主義の精神」の最後の部分や、「意味喪失」の問題を取り上げた「中間考察」、また「神々の闘争」にふれた「職業としての学問」などの箇所を読めば明らかなことである。近年、近代や合理性の否定的側面に焦点をあててヴェーバーを解釈しようとする試みが増えている。特に一九八〇年前後からは、ヴェーバーとニーチェの類似性やニーチェのヴェーバーへの影響といった問題がしきりに論じられるようになってきた(1)。それは従来の解釈とはどのように異なるのだろうか。

ポイカートは、「マルクス主義に代わる有効な自由主義的代案を提出してくれる人物」という六〇年代のシステム機能主義学派の解釈から、「世紀末の子としてのヴェーバー」へという変化を見ている（『ヴェーバー』S.5-6. 一一-三頁)。「世紀末の子」とは、ヴェーバーの狙いが「非西欧諸文化の世界史的停滞を根拠づけることではなく、西欧文化がその一時的勝利にもかかわらず、いや、一時的に勝利したからこそ、かかえ込んだ問題性をえぐり出すこと」にあった、ということを意味する(S.9. 一一頁)。

山之内は、解釈の転換の要点が「ヴェーバーその人をキリスト教に由来する西欧近代の倫理的価値についで不動の確信を抱いた人物としてではなく、むしろ、キリスト教以前的な古代世界の人生態度にきわめて近い信条を抱いた人物として再発見すること」にあったと言う(『ニーチェとヴェーバー』v頁)。それはまた、「合理化された近代文明の賛美者」としてのヴェーバーから、「近代の根源的な批判者」としてのヴェーバーへ、というヴェーバー像の変化を意味するものである(『マックス・ヴェーバー入門』二八頁)[2]。

このようなヴェーバー像の転換は、具体的にはどのような解釈を生み出しているのだろうか。本章では、わが国における代表的な研究者である山之内の説を中心に検討を進めてみたい。

1　ニーチェの影響の時期

「職業としての学問」の中で、ヴェーバーは何度かニーチェに言及している。「世界宗教の経済倫理　序論」では、ニーチェのルサンチマン論を取り上げている。また、バウムガルテンの『マックス・ヴェーバー——業績と人物』の中には、次の言葉が収められている。「今日の学者の、特に哲学者の誠実さは、彼がマルクスとニーチェに対してどのような態度を取るかによって測ることができる。この二人のした仕事なしには、自分の仕事の最も重要な部分を成し遂げることができないという事を認めない人は、自らをも他者をも欺いているのである。我々が精神的に生きているこの世界は、マルクスとニーチェによって大きく刻印された世界なのである」（*Max Weber: Werk und Person*, S. 554-555）。ヴェーバーが学生にこう語ったというのは一九二〇年、彼の亡くなった年のことである。晩年のヴェーバーがニーチェの影響を受けていたことは間違いない。では、彼はいつ頃からニーチェを読み、その影響を受けるようになったのだろうか。

この問題に明快に答えているのは、ヘニスである。彼は、ヴェーバーがマリアンネに宛てた一八九四年七月二六日付の手紙の中にニーチェの名が記されていることを指摘している（『マックス・ヴェーバーの問題設定』二二二頁）。さらに、翌九五年に行われたフライブルグ大学教授就任講演において、ヴェーバーが以前とは異なって「著しくニーチェ主義的な口調」を示しているとして、一八九四年という年をニーチェ受容にとって重要な年とみなしている（二二〇-二二一頁）。

大林はヘニスの説を紹介した上で、一八九〇年代のニーチェ・ブームという思想史的状況に触れ、「当時のニーチェ・ブームを想起するなら、病気から回復したばかりのウェーバーが『プロテスタンティズムの倫理と資本主義の精神』の末尾で、ニーチェの『最後の人間』を引き合いに時代批判を行ったとしても、人々はそれを決して唐突とは思わなかったであろう」と述べている（『マックス・ウェーバーと同時代人たち』二五六-二五七頁）。はっきりとそう言っているわけではないが、大林はほぼヘニスの説を受け入れているようである。

これに対して、山之内は異なる解釈を示している。彼は、発病と病気の快癒の時期を境に、ヴェーバーの生涯を三つの時期に区分する。第一期が一八九七年まで、第二期が神経症を発病した一八九八年から一九〇九年まで、そして第三期が病気から完全に快癒した一九一〇年以降である（『マックス・ヴェーバー入門』一〇一―一〇三頁)。その上で山之内は、ヘニスとは異なり、ヴェーバーとニーチェの関係が「すでに第一期から始まっているけれども、第二期に非常に大きな進展が見られた」とする(一〇九頁)。具体的には、一九〇七年前後という年が挙げられている。それは『古代農業事情』第三版の執筆の頃であり、ヴェーバーはそこで「祭司」と「騎士」という対抗関係を見出すことになる(「ニーチェ、ヴェーバーと宗教」二七八―二七九頁)。山之内によれば、このことは、「ヴェーバーが、ユダヤ・キリスト教系譜の精神史とは明らかに性格を異にする方向へと強い関心をもち、ギリシャ古代の文化価値に深く共感を寄せ」る方向へと、この時期に大きく傾斜していった、ということを意味している(『マックス・ヴェーバー入門』一〇八頁)。

山之内がこの時期に大きな影響があったとする論拠は、ヴェーバーの病とその完治という生活史上の事実に関わっている。ギリシャ古代の「悲劇の精神」および「運命概念」を受け入れ、プロテスタント的「職業人(Berufsmensch)」を相対化することができるようになったことによって、彼は病から抜け出すことができたのだ、というのである。

この論旨は、単純に言えば、ヴェーバーはニーチェの影響によって病気を克服できたのだ、ということである。だが、思想の転換と病状の推移との関係は、推測はしえても確実には論証しえないことである。――例えば、この時期の数度のイタリア旅行の方が決定的な意味を持ったのだと考えることもできないわけではない――。その意味では、ヘニス説と比較した場合、山之内説が今一つ説得力に欠けることは否めないであろう。もっとも、ヴェーバーがニーチェからいつ頃決定的な影響を受けたかということは、両者の解釈の仕方に応じて異なってくることであり、一義的に確定はしえないことであろう。ただ、ヴェーバーが一八九〇年代という比較的早い時期からニーチェを読んでいた、ということはほぼ確実なようである。

2　「プロテスタンティズムの倫理と資本主義の精神」の解釈

ニーチェの影響を考慮に入れることによって、ヴェーバーの解釈にどのような変化がもたらされるのだろうか。山之内は、「プロテスタンティズムの倫理と資本主義の精神」の解釈をラディカルに書き替えようとしている。

彼は、ヴェーバーが近代西欧の歴史的命運についてペシミスティックな展望を持っていたにもかかわらず、「プロテスタンティズムの倫理と資本主義の精神」は、「あたかも、宗教改革期の古プロテスタンティズムを、近代の在るべき永遠の理念として提示した著作であるかのように読まれてしまった」のだと言う（『ニーチェとヴェーバー』iv頁）。「ヴェーバー社会学の根本命題」はむしろ、「（近代世界の）負の側面は、あの輝かしいヨーロッパ宗教改革に反して生まれたものではなく、あるいはヨーロッパ宗教改革にもかかわらず生まれたものでもなく、まさしく、ヨーロッパ宗教改革の倫理的精神の故に生まれたのだ」ということにある（ix頁）。言い換えるならば、「人間が官僚制的社会組織の歯車の一部と化し、『管理する僕（……）』あるいは『営利機械』（……）として『財産に仕える』というこの疎外された関係の倫理的起源は、まさしく禁欲的プロテスタンティズムにあるということ、これがヴェーバーのいわんとするところであった」（vi-vii頁）。つまり、ヴェーバーは古プロテスタンティズムをそもそも否定的に捉えていたのだ、というのが山之内の解釈なのである。

この解釈の根拠は、次の三つにまとめることができる。一つは「鉄の檻」という言葉で表現される現在および将来の西欧社会のあり方である。山之内の「プロテスタンティズムの倫理と資本主義の精神」の読み方の基本線は、ヴェーバーが問題としたのはこの「鉄の檻」の起源だ、というものである。このような読み方からすれば、「宗教改革における文化革命と、それによる伝統主義的で帰属主義的な絆からの人間の解放こそが、ヴェーバーが『鉄の檻』と呼んだ近代の官僚制的秩序をもたらしたところの『倫理的基礎』なの」だ、ということになる（『マックス・ヴェーバー入門』九五頁）。

第二の根拠は、ヴェーバーが、古プロテスタンティズム、特にカルヴィニズムの非人間性を指摘していることである。このことから、次のような解釈が導かれる。「ヴェーバーは、宗教改革期においてカルヴィニズムがもった改革思想の非合理性を通して、禁欲的な職業労働のエートスが生まれてきたことを語っているのですが、しかし、それは同時に、非人間的と言わざるを得ない内容をもっていたと指摘しています。つまり、古プロテスタンティズムのもつ非人間性ということが、最初からテーマとして設定されているのです」（八六頁）。

こうして、非人間的な性格を持つ古プロテスタンティズムに始まり、「鉄の檻」に到るという近代の像が引き出される。「『管理する僕』、『営利機械』としての人間、できあがった合理的・近代的・機能主義的秩序に奉仕する人間という、近代的社会秩序に適合的な人間類型は、禁欲的プロテスタンティズムのうちに『初めて、自己の一貫した倫理的基礎を見出した』とヴェーバーが指摘して」おり、「これこそが、ヴェーバーの言わんとした中心問題なの」だ、というのである（九五頁）。

第三の根拠は、ヴェーバーが「職業人」という人間のあり方に疑問を抱いていた、という事である。山之内は、マリアンネがヴェーバーの母ヘレーネに宛てた手紙の中に、ヴェーバーが母も妻も「職業人」しか完全な人間とは見ていないのだ、と二人を非難している箇所があることに着目している（一二二‐一二三頁）[3]。そして、「プロテスタンティズムの倫理と資本主義の精神」が書かれたのはその後なのである。先に見たように山之内は、ヴェーバーが古プロテスタンティズム＝「職業人」の精神から解放され、古代ギリシャ的な騎士的精神を受け入れることによって、病を克服できたのだと考えている。「職業人」の否定、および「プロテスタンティズムの倫理と資本主義の精神」の執筆は、この病からの回復の過程の前半部分として位置づけられ、ここから次のような「プロテスタンティズムの倫理と資本主義の精神」の読み方が示されることになる。「ヴェーバーはプロテスタント的精神の権化としてあの論文を書いたのではない。彼は、自己のうちなるプロテスタント的エートスと死闘を演じ、それを相対化することによって新たな精神をもって再生した。『プロテスタンティズムの倫理と資本主義の精神』は、そうした死と再生の記録として読むべきなのである」（「ニーチェ、ヴェーバーと宗教」二八八頁）。

このように山之内は、「鉄の檻」という近代の問題的状況を生み出した起源として、ヴェーバーが古プロテスタンティズムをも「職業人」をも否定的に捉えていたのだ、と解釈するわけである。つまり、ヴェーバーは近代を全体として否定的に捉えていた、ということになる。こうした解釈はどの程度妥当性を持つのだろうか。

山之内の指摘するように、ヴェーバーはカルヴィニズムの非人間性に言及している。ヴェーバーは、カルヴァンの教えが「悲愴な非人間性（Unmenschlichkeit）」を帯びている、と言っているし（「倫理」S. 93, 一五六頁）、その「非人格的な隣人愛」について、「『隣人』との関係における『人間性』はいわば死滅しさった」とも述べている（S. 101, Anm. 3, 一七一頁）。

また、「プロテスタンティズムの倫理と資本主義の精神」の最後の部分で、ヴェーバーは「行い」と「断念」は今日では、切り離しえないものとなっている、と述べている（S. 203, 三六四頁）。この場合、「断念」とは、「人間の全面性からの断念」、「ゆたかで美しい人間性の時代からの断念」を意味する。

そして、よく知られている箇所だが、「鉄の檻」については、次のように言われている。「……禁欲は修道士の小部屋から職業生活のただ中に移されて、世俗内的道徳を支配しはじめるとともに、こんどは、非有機的・機械的生産の技術的・経済的条件に結びつけられた近代的経済秩序の、あの強力な秩序界（コスモス）を作り上げるのに力を貸すことになったからだ。そして、この秩序界は現在、圧倒的な力をもって、その機構の中に入りこんでくる一切の諸個人……の生活のスタイルを決定しているし、おそらく将来も、化石化した燃料の最後の一片が燃えつきるまで決定し続けるだろう。バックスターの見解によると、外物についての配慮は、ただ『いつでも脱ぐことのできる薄い外衣』のように聖徒の肩にかけられていなければならなかった。それなのに、運命は不幸にもこの外衣を鋼鉄のように堅い檻としてしまった。禁欲が世俗を改造し、世俗の内部で成果をあげようと試みているうちに、世俗の外物はかつて歴史にその比を見ないほど強力になって、ついには逃れえない力を人間の上に振るうようになってしまったのだ」（S. 203-204, 三六五頁）。

こうした箇所を見れば、山之内の解釈は確かに妥当性を持っているようにも思える。だが、先の引用のすぐ後には、「今日では、禁欲の精神は……この鉄の檻から抜け出してしまった」という言葉がある。「鉄の檻」そのものが問題であるのなら、「禁欲の精神」がそこから抜け出してしまったかどうか、という事など問題にならないはずである。またヴェーバーは、「ピューリタンは職業人たらんと欲した――われわれは職業人たらざるをえない」とも述べている（S. 204, 三六四頁）。ヴェーバーが近代の「職業人」というあり方を否定的に捉え、その起源を古プロテスタンティズムに求めたのだとするならば、自ら「職業人」であろうとしようと、そうあることを社会的に強制されるのであろうと、その違いを強調する意味はないであろう。「ピューリタンは職業人たらんと欲した」という言葉の意味するところは、彼らが、自らの生き方を主体的に選び取ったということであろう。つまりヴェーバーがここで問題としているのは、「職業人」であるかどうかということ自体ではなく、自分の生き方を主体的に選択しうるかどうか、ということなのである。

3 「鉄の檻」と「人格」

生き方を主体的に選択するということは、「人格」に関わる問題である。ヴェーバーにとっては、人格は自ずから人間に備わっているというようなものではない。人は特定の価値や事柄（Sache）のために生き尽くすことによって「人格」となりうるのである。そして、「ピューリタニズムの禁欲……の働きは、『感情』に対して『持続的な動機』を、特に禁欲自体によって『習得』された持続的動機を固守し主張する能力を人間にあたえること、――つまり、こうした形式的・心理的な意味における『人格』に人間を教育することだった」（『倫理』S.117, 二〇一-二〇二頁）。このように、「人格」の形成にあたって禁欲的プロテスタンティズムは重要な作用を果たした、とヴェーバーは考えているのである。とすれば、この限りでは、ヴェーバーは古プロテスタンティズムを肯定的に評価していた、ということになる。

また、ヴェーバーが「職業人」というあり方を完全に否定していたかどうか、という点にも疑問の余地がある。周知のように、ヴェーバー最晩年の二つの講演のタイトルは、「職業としての学問」と「職業としての政治」である。彼が近代の「職業人」というあり方を否定的に捉えていたのだとすれば、それらの講演では、「職業人」に対する批判が述べられていなければならないはずである。だが、二つの講演のトーンは、明らかにそれとは異なるものである。そこで述べられているのは、学問あるいは政治を職業とするものの心構えやその意味ということである。そして、ヴェーバー自身学問を「職業（天職）」として選び取っている、と述べているのである（「学問」S. 551, 六四―六五頁）。

「プロテスタンティズムの倫理と資本主義の精神」の末尾の部分において、ニーチェの影響に注目するのであれば、「鉄の檻」よりも「末人」に目を向けるべきであろう。これもよく知られた箇所であるが、ヴェーバーは、将来「鉄の檻」に住む者を「末人」と呼び、「精神のない専門人、心情のない享楽人。この無のものは、人間性のかつて達したことのない段階にまですでに登りつめた、と自惚れるだろう」と述べている（「倫理」S. 204, 三六六頁）。

「末人」という言葉は、「職業としての学問」の中でも使われている。ヴェーバーは学問を「真の幸福への道」と考える人々に対して、「こういう人々は、かの『幸福をみつけだした末人達』に対するニーチェの否定的批判にならって、まったくこれを度外視して差支えなかろう」（「学問」S. 540, 四二頁）と、はっきりとニーチェの名を挙げて語っている。ニーチェの「末人」とは、『ツァラトゥストラ』に出てくる、小さな幸福にしがみつき、しかも自分たちが幸福を作り出したのだ、と自惚れている卑小な人間のことである。ヴェーバーは、明らかにニーチェのこの人間像を踏まえて語っているのである。

「プロテスタンティズムの倫理と資本主義の精神」の末尾のペシミスティックな論調に彩られている部分は、ほんの三ページほどであるが、ヴェーバーはそこで四つの時期に触れている。まず、「ゆたかで美しい人間性の時代」、ついで、古プロテスタンティズムの時代、そして現代（「ピューリタンは職業人たらんと欲した――われわれは職業人たらざるをえない」）。さらに、将来「鉄の檻」の中に住むことになる「末人達」の時代、の四つである。

この四つの時期のうち最も肯定的に語られているのは、もちろん「ゆたかで美しい人間性の時代」、「ファウスト的な人間の全面性の時代」である。その時代はまた、「意味喪失」の問題との関連でいえば、完結した生を送り、「晩年には人生がもたらしたものの意味の全てを知り尽くし」、「生きるに飽きて」死ぬことのできた時代と重ね合わせることができるであろう（「中間考察」S. 569-570、一五七頁、「学問」S. 536、三四頁）。ヴェーバーがこのような時代にある種の憧憬を感じていたことは間違いなさそうである。だが、「そうした時代は、古代にアテナイの全盛期がくりかえし現れなかったのと同様に、われわれの時代の文化発展のなかでもう一度現れてくることはもはやない」（「倫理」S. 203、三六四頁）。

こうした時代の「自然的生活の有機的循環」を断ち切ったのは、禁欲的キリスト教のエートスであった。キリスト教的禁欲は、「自然の地位を克服し、人間を非合理的な衝動の力と現世および自然への依存から引き離して計画的意志の支配に服させ、彼の行為を不断の自己審査と倫理的意義の熟慮のもとにおくことを目的とする、そうした合理的生活態度の組織的に完成された方法として」、古プロテスタンティズム以前に「すでにできあがっていた」のである（S. 116、一二〇一頁）。

古プロテスタンティズムはこの合理的生活態度を修道院の中から世俗の生活の中にもたらしたのである。「ゆたかで美しい人間性の時代」は、プロテスタンティズムと共に終わりを告げ、そうした時代への「断念」の中で「職業人」として生きていかざるをえない時代が始まる。このように、「ゆたかで美しい人間性の時代」とその後の時代との間には、明らかに断絶がある。それに続く時代は、「職業人」の時代、また「鉄の檻」の時代である。では、その後の三つの時代は直線的につながっているであろうか。

古プロテスタンティズムの時代、つまり近代の端緒と現代とは、次の三つの点で区別されている。まず、「ピューリタンは職業人たらんと欲した——我々は職業人たらざるをえない」ということ、第二に「鉄の檻」の完成、第三に「禁欲の精神」の喪失である。そして、禁欲の精神の喪失などもはや気にすることすらなく、「鉄の檻」の中で満ち足りて生きている人間の姿、それが「末人」であろう。つまり、現在の傾向がそのまま続いたときに現れる人間、それが「末人」だということになる。

「鉄の檻」の完成と禁欲の精神の喪失とは、相関するものである。「今日では、……禁欲の精神はこの鉄の檻から抜け出してしまった。ともかく勝利をとげた資本主義は、機械の基礎の上に立って以来、この支柱をもう必要としない」(S. 204, 三六五頁)。キリスト教的禁欲は、人間に「人格」を与える、という機能を果たした。とすれば、禁欲の精神の喪失は、同時に「人格」の喪失を意味する事になる。であれば、「末人」とは、「人格」を失ってしまった人間のことだということになる。ヴェーバーの中心的関心が、近代化と人格性との関わりにあったとする菅野も、「この巨大な合理的機構(徹底的に合理化された資本主義機構)の担い手たちは、結局は、『精神のない専門人、心情のない享楽人』となるのだが、彼らは資本主義的合理性の文化に飼いならされて、この機構を桎梏と感じないばかりか、自己の人格性の喪失を、むしろ、人間性がかつて達したことのない段階にまで登りつめた証拠なのだと自惚れるだろうというのである」という解釈を提示している(『ウェーバーと近代化論』一九頁)。

厚東は、「世界の根源的無意味性、意味の唯一の創始者である人間、という虚無と意味賦与との相互反転性」にまつわる問題群を「ニーチェ問題」と名付け（『ヴェーバー社会理論の研究』二〇五頁）、その視点から、「鉄の檻」や「職業人」を問題としている。「職業人は、『鉄の檻』を機能的に支えている人的基盤である」（二〇六頁）。「鉄の檻」も「職業人」も現在では「根源的無意味性」にさらされている。しかし、「『鉄の檻』の奥に必ずあるべき人間の切ない『意味問題』を発掘するには――『鉄の檻』の意味的な支えを発見するには、この職業人が本来どのような意味賦与能力をもった人間だったかを歴史的に追求すればいいことになる。こうして『職業人』の歴史的起点として『ピューリタニズムの倫理』が発見される」（同）。このように、「『職業人』というカテゴリーは、現代人の内と外にひろがっている虚無から、意味賦与―意味連関という方法論的装置を回路に、人間および社会を貫く一つの意味的統一体をつむぎ出すためのスプリングボードである」（二〇七頁）。

こうして厚東の場合には、「職業人」は「鉄の檻」の端緒として、また「世界の根源的無意味性」の開示の過程にあるものとして捉えられると同時に、「意味賦与能力」をもった人間の形成という肯定的意味をも与えられている。彼はヴェーバーとニーチェの違いを簡潔に次のように述べている。「現代にどうしても必要な『価値の顚倒』とは、ニーチェにとってキリスト教からの『解放』を意味したとすれば、ヴェーバーにとってはキリスト教の孕む〈豊饒さの追体験〉を意味した」（二〇九頁）。このように、ニーチェとの関係に着目しつつも、厚東は、ヴェーバーが「職業人」を、それゆえ古プロテスタンティズムを完全に否定したとは解釈していない。むしろ「禁欲的プロテスタンティズムが近代文化創出に対してもつ、文化的意義の限界を問う両面性をヴェーバーは堅持している」とするのである（同）。

このような解釈と比較すると、山之内の解釈の一面性は明らかであろう。確かに、ヴェーバーが、近代の、また古プロテスタンティズムの否定的側面をも見ていたということは、そのとおりである。彼が「鉄の檻」を否定的に捉えていることは間違いない。そして、山之内が指摘するように、その起源は古プロテスタンティズムに求められている。従来のヴェーバー解釈が、このような側面を十分には考慮してこなかった、というのもあたっているであろう。だが、これまで考察してきたように、ヴェーバーは古プロテスタンティズムや「職業人」を——それゆえ近代を——全体として否定し去ったわけではない。山之内が指摘するように、ヴェーバーが「職業人」を一面では否定的に捉えていた、と考えてもよいかもしれない。だが、「鉄の檻」の中で「人格」として生きていくためには、「職業人たらざるをえない」のである。彼は近代を単純に肯定したのでも否定したのでもなく、「鉄の檻」に到る問題的側面と「人格」の形成という評価すべき側面との両面を見据えていたのである。

4 騎士的精神

山之内は、ヴェーバーが晩年になるほど、西欧近代の精神およびその源流となった古プロテスタンティズムの精神から離れ、古代ギリシャの精神に近づいていったと解釈している。そのメルクマールとして、彼は『古代農業事情』の三つの版を比較検討し、従来注目されていた祭司 - 預言者という対立項よりも、騎士 - 祭司・預言者という対立項の方が重要な意味を持つようになる、ということを挙げている。

騎士（ないし戦士）層は、「普遍的救済に向かうのではなく、運命的な不確実性に立ち向かおうとする社会層」として捉えられ、この騎士層と教会と預言者を含めた「宗教的社会勢力全体」との対抗という図式が、

『古代農業事情』第三版では現れてくる（『マックス・ヴェーバー入門』一六七頁）。そして、「この新たな対抗図式の導入は、やがてヴェーバーがニーチェから受け取った独特の時間概念、すなわち、永遠回帰と結びついて、ヴェーバー社会学に独特の非進化論的、むしろ、反進化論的とさえ見えるような社会認識を、結晶させてゆくことに」なった、と言うのである（同）。

この反進化論的社会認識とは、「ホメロス時代のギリシャを一つの比較規準として設定し、歴史の経過をそこからの退化と」見る認識のことである（一六八頁）。このような歴史の見方は、「人類の歴史は近代に向かって進歩してきたのではなく、むしろ、ソクラテス以後、あるいはキリスト教の布教以後、堕落と退歩の過程を歩んできた」とする、ニーチェから継承したものだ、というのが山之内の解釈である（三八頁）。そして、「西洋近代の合理化は、戦士市民ないし騎士層のエートスを打倒し圧伏することによってその大道を歩んできたのだということ、これがヴェーバーの観点」であった、と言う（四五頁）。つまり、ヴェーバーは、西洋の歴史を古代ギリシャを頂点とし、以後はそこからの退歩だと考えているのであり、それゆえ、近代化も合理化も否定的に捉えられているのだ、ということになる。こうした解釈からすれば、近代の端緒である古プロテスタンティズムは、この退歩の過程に拍車をかけたものと捉えられることになるであろう。

では、騎士の精神とは何を意味するのであろうか。それは、運命を運命として受け止め、それに真向から立ち向かう、という態度である。山之内は、ヴェーバーが資本主義は「運命的な力である」と述べていること、また、「神々の闘争」を「現代文明の運命」だと言っていることを取り上げ、ヴェーバーにおける運命概念の重要性に注意を喚起している（二六－二七頁、四〇頁）。そして、「歴史を神々にたいする人間の闘争の場と捉え、そのあらゆる結果を予測不可能な運命性において受け止める『悲劇の精神』の立場にたつこと、この古代ギリシャの信条にきわめて近い人生態度が、ヴェーバー社会学の背後に流れる根本理念であった」のであり、「『悲劇の精神』とその必然的な帰結である『運命概念』という筋道が、ニーチェとヴェーバーをつなぐ基本線である」と言う（『ニーチェとヴェーバー』v頁、xxiv頁）。

ヴェーバーがニーチェから受け取ったことの核心が「高貴性の道徳」にある、というヘニスもこれに近い捉え方をしている。「完全にニーチェの精神に則って、ヴェーバーは悲劇という次元を歴史の中に持ち込んだ。ニーチェにとって禁欲的人間とは近代的人間の発展の重大な『運命』であった。」（『マックス・ヴェーバーの問題設定』二二五頁）そしてヴェーバーは、この運命を知ることに「耐える」という「たくましい騎士のポーズ」を示しているのだ、というのである（二二四頁）。

運命に男らしく耐えるというヴェーバーの態度は、騎士的精神の現れと言ってもいいであろう。そこに、古代ギリシャへの憧れを見て取ることもできよう。そして、そこにニーチェの影響を見ることも間違いではあるまい。だがそのことは、はたして、ヴェーバーがそれ以降の近代化・合理化を否定したことを意味するであろうか。

ヴェーバーは、学問を合理化過程の主要な部分をなすものだとしている（「学問」S. 535, 三二一–三二二頁）。合理化を全面的に否定しているのならば、当然学問をも否定しなければならないことになろう。だが、彼が学問を否定しているなどとはおよそ考えられないことである。山之内も、「ヴェーバーはニーチェと共に、科学の神学化を批判して近代世界そのものの呪力剝奪（Entzauberung）を遂行した」のだ、と言う（『ニーチェとヴェーバー』x頁）。科学の神学化の批判は、「価値自由」のテーゼと関連するものである。山之内によれば、ヴェーバーが「価値自由」を主張したのは、「科学があたかも予言能力をもっているかのような幻想を市民にいだかせることを断固として拒否し、この世にはもはや祭司（ないし僧侶）にあたる真理の独占的管理者は存在しないことをはっきりさせたいがためであった」（viii頁）。ヴェーバーの「価値自由」の要請は、事実判断は客観性をもちうるが価値判断は徹頭徹尾主観的である、ということを基礎としている。だが、事実と価値とが異質なものであるという認識自体が合理化の一つの帰結なのであり、それゆえ「価値自由」は、西欧近代の合理性の上に成り立つ要請なのである。とすれば、ヴェーバーが「脱呪術化（Entzauberung）」や「価値自由」を肯定的に捉えていると考えるのであれば、そのことは、彼が西欧の合理性の少なくてもある側面は肯定的に評価している、ということを意味することになるはずである。

また山之内は、「責任倫理」について次のように言う。「責任倫理家は、最善の努力をした後におこる不確実性、危険性についても、それを運命としてわが身に引き受けるのです。この責任倫理家の態度は、予言者というよりも、古代ギリシャの騎士的・戦士的市民の姿に重なってくると言うべきでしょう」（『マックス・ヴェーバー入門』二〇七頁）。責任倫理と心情倫理との違いは自らの行為の結果に責任を負うかどうかにある。そして、責任倫理は行為の結果の予測の上に成り立つ倫理である。だが、行為の結果を予測するということは言うまでもなく、合理的な態度なのである。ヴェーバーは確かに「職業としての政治」の中で、「騎士道精神」という言葉を使っている。だが、それは「現実に即した態度（Sachlichkeit）」と共に使われている（『政治』S. 549. 八四頁）。騎士道精神が古代ギリシャに由来するものだとしても、「現実に即した態度」は明らかに近代の合理的な態度である。

大林は、山之内の解釈を「従来のウェーバー研究の一面性を是正するという意味で、きわめて重要な位置を占めるものである」と評価しながらも、「しかし、ヘレニズムの系譜を強調するあまり、もしもそれを二者択一的に強調しすぎるとすれば、また逆の一面性に陥ることになりはしないだろうか」と批判している（『マックス・ウェーバーと同時代人たち』二三七頁）。山之内の言うように、ヴェーバーが古代ギリシャの騎士的精神に惹かれていたとしても、そのことから、彼が近代や合理性を全面的に否定していたという結論を引き出すならば、それは、「逆の一面性に陥」っていることになるであろう。

ヴェーバーは、合理性について考え抜いた思想家であると言えよう。そして、それゆえにまた、彼は近代合理性の限界にも敏感だったのである。「価値自由」や「神々の闘争」に関する議論には、このことが示されている。合理性の限界を超えた問題に対する答えを合理的なもの（例えば学問）に求めるわけにはいかない。ここでヴェーバーが規範としたのが、「騎士的精神」であり「高貴性の道徳」であった、と考えられよう。確かに「騎士的精神」や「高貴性の道徳」は、近代合理性とは異質の規範であろう。だがそれは、ヴェーバーの場合、西欧近代の「運命」を「知的誠実性」を持って認識することと深く関わっている。そして、「知的誠実性」は、「脱呪術化」つまり近代の合理化によって初めて可能となるものなのである。このように、ヴェーバーの思想には近代合理性の否定的側面と肯定的側面、そして、合理性を超えた側面という三つの側面が、複雑に絡み合っているのである。

5　学問論

山之内は、これまで見てきたような解釈をヴェーバーの学問論と関連づけている。ヴェーバーは不確実な知に直面することによって、近代知の限界を超えているのだ、と彼は主張する。ここで「近代知」が、神学化した科学を意味するのであれば（『マックス・ヴェーバー入門』五－六頁）、山之内の言わんとすることも理解できる。その場合には、知の不確実性は、価値判断の不確実性を意味することになる。そして確かに、ヴェーバーは、価値判断は徹頭徹尾主観的であり、それゆえ、「神々の闘争」は科学によっては決着を着けることができない、ということを力説したのである。

だが、山之内はそれにとどまらず、「意図せざる結果」の論理をこの知の不確実性という問題と結びつけている。意図せざる結果というのはもちろん、古プロテスタントたちの主観的には来世での救済を目指した行為が、資本主義の社会（という「鉄の檻」）を生み出した、ということである。山之内はそれを「人間による歴史の営みには、本源的に避けることのできない不確実性が伴っている」という「運命性を中心においた歴史観の表明」であり、「ヴェーバーの歴史哲学の核心部分」であると言う（七九頁）。しかも、それは「近代社会科学の認識を可能にしたというような肯定的な意味をもつのではなく、まさしくそれとは逆に、人間の歴史の本源的な不確実性を示す運命性として語られている」と言うのである（八一頁）。

ここで山之内は、社会や歴史の領域では法則論的認識は不可能だ、ということを主張しようとしているようである。だが、法則論的知識だけが「確実な知」なのであろうか。また、それ以上に、歴史や社会の成り行きを「本源的に不確実な」「運命」としてしか捉えられないような知は、およそ「科学」とは呼びえないものとなるのではないか。少なくとも、そのような知は客観性を持ちうるものとは考えられないであろう。社会科学の認識の客観性を苦心して論証しようとしたヴェーバーの客観性論は、山之内の解釈においてはどのような意味を持ちうるのだろうか。「運命」概念を中心に置いてヴェーバーの科学論を解釈しようとする山之内の主張は、このようにおよそ理解しえないものとなる。

ポイカートも、山之内の言う「科学の神学化」の状況との関連でヴェーバーの学問論を捉えている。一九世紀から二〇世紀への世紀の転換期は、ポイカートによれば、「科学信仰」が社会に浸透していった時期である。「とりわけ注目すべきことは、合理的科学の万能性への人々の信仰がたかまった結果、世俗化の進行とともにますます権威を失うにいたったキリスト教会にとって代わって、科学が究極的な意味問題への回答を引き受けるようになったことである。……教会が永年の因習から抜け出せないでいるうちに、科学的技術的合理性への信頼がごく自然に日常生活のなかへ浸透して行ったのである。」(『ウェーバー』S. 63, 一二一頁)だが、そのことによって、「科学は元来自己の手にあまる大きな荷物を背負いこむこととなり、みずからイデオロギー化していく」ことになる(同)。

ヴェーバーもニーチェも科学のこのようなあり方を批判し、知的誠実性、つまり真の学問を求めたのだ、とポイカートは言う。だが、「『神の存在証明』が『世界の魔術からの解放』の第一波とともにその拠り所を失ったとすれば、その第二波とともに学問にたいする超越的な根拠づけもまったく意味を喪失してしまった。さりとて学問自身は学問に意味を与えることができぬ。」このような状況の中で、ニーチェは学問を予言者的に刷新しようとしたのであるが、ヴェーバーはそれをも拒否する。「ヴェーバーの学問論はまさにこうした情況をふまえて展開され」ているのである(S. 15, 二五頁)。

だが、宗教が力を失い、それに代わるものとして期待された学問にもそのような力がないということが明らかになってしまえば、残されるのは相対主義やニヒリズムへの道しかないのではなかろうか。ここでポイカートは、完全な相対主義やニヒリズムに陥ることを防いでくれるものとしては、「ウェーバーの見るところでは、学問が真なる命題の理性的提出と討究との媒体となる道を真剣に選びとる以外には与えられはしない」と言う（S. 21, 三六頁）。「学問は、ウェーバーにとっては、相競合する世界観や究極の価値を異にする相対立する倫理がぶつかり合い、論理的方法的な論争のルールにのっとって互いの一致点や対立点を理性的に確認し合える、対話的理性の唯一の場」だと言うのである（S. 15, 二六頁）。

「対話的理性」あるいは「合理的な討議の場」（S. 21, 三八頁）というような用語は、ハーバーマスを思わせるものである。どうやらポイカートは、ハーバーマスのコミュニケーション的行為論に引き寄せてヴェーバーの学問論を解釈しようとしているようである。

では、この討議の決着は、どうして着けられるのか。ハーバーマスの場合には、同意あるいは合意の形成によってである。ヴェーバーの場合には、それは「天才」によるのだ、とポイカートは解釈する。「知的誠実さ、これが学問的討議の競技場を仕切る標識である。……ヴェーバーがわざわざその標識のついた競技場を設けたのは、究極の価値相互の果てしない闘争のなかから時代を画する天才が現れて、各人のいだく文化価値にたいして道しるべを与える星となることを容易にするためであった」（同）。ポイカートは、ここにニーチェの影響を見ている。「天才」とは、学問の領域における「超人」に他ならないからである。

だが、どうであろうか。ヴェーバーは、「職業としての学問」の中で、「神々の闘争」に決着を着けることができるのは学問ではない、と明言している。「究極の価値相互の闘争」は、たとえ「天才」によってであれ、学問の領域では決着を着けることができない、というのがヴェーバーの主張したことであったはずである。

また、ヴェーバーの学問論を対話あるいは討議の理論として解釈できるかどうかも疑問である。むしろそれは、孤立した行為者に準拠するモノローグ的なものなのではないか。目的合理性からコミュニケーション的合理性へと合理性概念を拡大しようとするハーバーマスの試みは、真理を問題とする場面を個人的行為者から相互主観的な関係の場へ移すという意味をも持っていたのである。

山之内にせよ、ポイカートにせよ、いささか極端な説を取り上げてしまったようにも思う。だが、ヴェーバーとニーチェという視点から引き出される論点は、従来のヴェーバー解釈に訂正を迫ることはできても、それを中心に新しいヴェーバー像を作り上げることまではできていないようである。ヴェーバーにおける「両義性」や「緊張」はよく指摘されるところであるが、あるいは彼は統一的な解釈など拒否するような思想家であるのかもしれない。とすれば、ヴェーバーとニーチェという問題の持つ意義は、統一的なヴェーバー像を破壊することにこそあると言うべきなのかもしれない。

注

（1）大林信治『マックス・ウェーバーと同時代人たち』、岩波書店、一九九三年、第八章、参照。

（2）だが、「合理化された近代文明の賛美者」ヴェーバーという像が「今日まで」「広く流布してき」た、という山之内の説には疑問の余地がある。というのは、彼がこのような解釈の代表者として名を挙げている大塚久雄でさえ、「プロテスタンティズムの倫理と資本主義の精神」の最後の部分を取り上げ、ヴェーバーが、資本主義文化が「ついには精神的貧困の問題をも大きく抱え込むことになる。そういう可能性の存在について警告を与えていた」と述べているからである（大塚久雄『社会科学における人間』、岩波新書、一九七七年、一五九頁）。これは、決してヴェーバーを「近代文明の賛美者」として捉えているわけではない。大塚が山之内の言うように、「ヨーロッパ型の普遍的合理化をモデルとして基準化する立場に属していた」（『マックス・ヴェーバー入門』三六頁）としても、そのことと、ヴェーバーを「近代文明の賛美者」として捉えているかどうかということとは、別のことなのである。

（3）なお、Marianne Weber, 大久保和郎訳『マックス・ウェーバー』、みすず書房、一九六三年、二〇八頁、参照。

参考文献

Baumgarten, E., *Max Weber: Werk und Person*, J. C. B. Mohr, 1964.

ヴィルヘルム・ヘニス、雀部幸隆・嘉目克彦・豊田謙二・勝又正道訳『マックス・ヴェーバーの問題設定』、恒星社厚生閣、一九九一年。

菅野正『ウェーバーと近代化論』、恒星社厚生閣、一九九三年。

厚東洋輔『ヴェーバー社会理論の研究』、東京大学出版会、一九七七年。

大林信治『マックス・ウェーバーと同時代人たち』、岩波書店、一九九三年。

Peukert, D. J. K., *Max Webers Diagnose der Moderne*, Vandenhoeck u. Ruprecht, 1989.（デートレフ・ポイカート、雀部幸隆・小野清美訳『ウェーバー――近代への診断』、名古屋大学出版会、一九九四年。）

山之内靖『マックス・ヴェーバー入門』、岩波書店、一九九七年。

山之内靖『ニーチェとヴェーバー』、未來社、一九九三年。

山之内靖「ニーチェ、ヴェーバーと宗教」、『岩波講座　宗教と科学』第5巻、岩波書店、一九九二年。

第3章　ヴェーバーにおける科学と合理性

はじめに

シェーラーは、実証科学を自然（や社会）の支配のための知識と規定し、本来宗教（救済知）や形而上学（教養知）に対して手段的な位置にあるべき実証科学（支配知）が、それらより上位に置かれ、あるいは、唯一の知の形態とみなされることによって、西洋近代の社会に、人間の非人間化という問題状況が生じていると考えていた。また、マンハイムは『イデオロギーとユートピア』の中で、科学が存在超越的で秩序変革的な表象であるユートピアを消滅させ、それが人間の精神性そのものの消滅につながる、という将来への暗い見通しを示していた。このように、ドイツ知識社会学においては、実証科学批判はその中心的なモチーフをなすものであった(1)。

西洋近代の合理性を中心テーマとするヴェーバーの研究においても、これとよく似た問題意識が示されている。だが、その問題状況を合理化の宿命と受け止め、「科学」の立場に立ち続けようとするヴェーバーの場合には、事態はより複雑である。ヴェーバーが近代合理性に対してアンビバレントな態度を示していたということはしばしば指摘されることであるが、このことは、彼の科学に対する立場にもある程度当てはまるように思われる。本章は、ヴェーバーの科学論をめぐる問題性を、前記のような知識社会学的な視点から検討しようとするものである。

1　科学と意味問題

「職業としての学問」において、ヴェーバーは、科学を主知主義的合理化の過程の中心をなすものと捉えている。主知主義的合理化とは、「それを欲しさえすれば、どんなことでもつねに学び知ることができるということ、したがってそこにはなにか神秘的な、予測しえない力がはたらいている道理がないということ、むしろすべての事柄は原則上予測によって意のままになるということ」を知っている、あるいは信じている、という意味である（「学問」S. 536, 三三頁）。さらにヴェーバーは、これを「脱呪術化（Entzauberung）」という概念に置き換え、次のように述べる。「今日、われわれはもはやこうした神秘的な力を信じた未開人のように呪術に訴えて精霊を鎮めたり、祈ったりする必要はない。技術と予測がそのかわりをつとめるのである。」（同）

この説明によれば、主知主義的合理化には二つの要素が含まれていることになる。第一は、呪術的世界観からの脱却であり、第二は、技術と予測による現実の支配である。これは、神学的段階から実証的段階への精神の進歩、というコントの考えを想起させるものである。さらにコントは、実証精神にとって最も重要なのは法則に基づく予測（「予見するために見る」）だとしている。そして、姜も指摘しているように（『マックス・ウェーバーと近代』二〇四頁）、ヴェーバーが第二の要素、つまり、技術的、道具的性格を科学にとって第一義的なものだとみなしていたことも間違いあるまい。つまり、ヴェーバーもコント同様、科学を基本的には、シェーラーの規定するような自然（や社会）の支配のための知識とみなしているということである。

だが、ヴェーバーはこのような側面から科学を捉えただけではない。彼にとっては、科学が技術的・道具的な意義以外にどのような意義を持ちうるかということも大きな関心事であったのである。

「職業としての学問」の中で、ヴェーバーは科学が個々人の実生活にとって持つ意義は何かを問い、それに答えて、次の三つの意義を挙げている。第一は、「技術、つまり実際生活においてどうすれば外界の事物や他人の行為を予測によって支配できるか、についての知識」（「学問」S. 549, 六一頁）である。第二は、「物事の考え方、およびそのための用具と訓練」（同）。そして第三に、「明晰さ（Klarheit）」に導くこと、である。「明晰さ」には、二つの意味が含まれている。一番目は、行為の目的と手段および結果との関連、特にそこに生じうる行為者にとって望ましくない付随現象の発生を明らかにしうるということである。そして、二番目の意味、――これをヴェーバーは、「明晰さということのためになしうる科学の最後の寄与」であり、「科学のなしうることの限界」でもあると述べている（S. 550, 六三頁）のだが――は次のことである。すなわち、科学は「これこれの実際上の立場は、これこれの究極の世界観上の根本態度……から内的整合性をもって、したがってまた自己欺瞞なしに、その本来の意味をたどって導きだされるのであって、けっして他のこれこれの根本態度からは導きだされない」ということを明確にし、「各人にたいしてかれ自身の行為の究極の意味についてみずから責任を負うことを強いることができる、あるいはすくなくも各人にそれができるようにしてやることができる」(S. 550, 六三-六四頁)。前の論点が行為の事実的経過に関するものであるのに対して、後の方は明らかに行為の究極の意味に関連している。

科学が「意味問題」と関わりうるという見解は、すでに「客観性」論文においても示されている。そこでは、理想や価値判断の科学的批判の意味あるいは目的として、次の五つが挙げられている(「客観性」S. 149-151, 三〇-三五頁)。①目的と手段の適合性の確定。②目的定立の有意味性の吟味。③副次的諸結果の確定、及び意欲された結果と意欲されなかった結果との秤量。④意欲されたもの自体の意義の知識の提供。⑤意欲された目的及びその根底にある理念の批判的評価、すなわち、内的無矛盾性の要請に照らして理想を吟味すること。このうち①から③までをヴェーバーは技術的批判と呼んでいる。これに対して④、⑤は社会哲学の課題だとされているが、それが「意味問題」と関わるものである事は明らかである。

しかし、経験科学を「経験的実在の思考による秩序づけ」(S. 150, 三三-三四頁)と規定し、事実と価値の二元論の立場から「価値自由」の要求を掲げるヴェーバーは、科学が「意味問題」を解決しうるとは考えない。だから、科学の「意味問題」への関わりは限定されたものとなる。科学がなしうるのは、「実際上の立場」あるいは「意欲された目的」の根底にある「世界観上の根本態度」、「究極の価値規準」を明示することだけである。「経験科学はなんぴとにも、なにをなすべきかを教えることはできず、ただ、かれがなにをなしうるか、また——事情によっては——なにを意欲しているか、を教えられるにすぎない」(S. 151, 三五頁)。このように、一方では科学が事実から理想や規範を引き出しうるとする歴史学派の見解を批判しつつ、しかも他方で、科学が単なる技術的・道具的な次元にとどまらず「意味問題」をも扱いうる、と考えるところに、ヴェーバーの科学論の独自性が存在するといえよう。

ヴェーバーにおいては、「意味問題」は「価値の多神教」、「神々の闘争」、あるいは「神と悪魔との闘争」と呼ばれる事態を前提としている。「価値の多神教」、「神々の闘争」とは、「われわれの生の究極の拠りどころとなりうべき立場は、こんにちすべてたがいに調停しがたくまた解決しがたくあい争っているということ、したがって、われわれは当然これらの立場のいずれかを選定すべく余儀なくされているということ」（「学問」S. 550, 六四頁）を意味する。そして、それはさらに、われわれが一つの立場を選び取れば、われわれは「その特定の神にのみ仕え、他の神には侮辱を与えることになる」（S. 550, 六三頁）ことをも意味している。

だが、「日常的にまんぜんと日をおくっている人は、このようなはげしく敵対する諸価値の……混同を意識しない」し、「『神』と『悪魔』とのあいだの選択をむしろさけ」、「衝突する諸価値のうちどれが神によって支配されどれが悪魔によって支配されるのかについてじぶんの最終的な決定をさけることを、……けっして意識しようともしない」（「価値自由」S. 469, 五九-六〇頁）。こうした状況の中でこそ、科学の「明晰さ」が意味を持つのである。科学は、特定の行為や立場の根底にある究極の価値や立場を明示するだけではなく、それが他の価値や立場と対立するものであることを意識させ、その上で、その価値や立場を選ぶかどうかの選択を迫る。さらにそれは、特定の価値を選び取ったならば、その価値（神）に従って一貫した態度で生きていくことを求める。科学はこのような形で「意味問題」に関わるのである。だが、「これらの神々を支配し、彼等の争いに決着をつけるものは運命であって、けっして『科学』ではない」（「学問」S. 546, 五五頁）。では、なぜ科学は「意味問題」に関わらなければならないのか。

神々の闘争に決着を着けうるのは「預言者か救世主だけである」とヴェーバーは述べている（S. 551, 六六頁）。つまり、生に究極の意味を与えうるのは、本来は宗教だということである。ではなぜ、現代においては科学が宗教に代わって「意味問題」に関わらねばならないのか。この点を明らかにするためには、ヴェーバーが科学と宗教の関係をどのように捉えていたかを考察しなければならない。

科学と宗教とは「世界の意味」を対立的に解釈する。宗教が世界を「神が秩序をあたえた、したがって、何らかの倫理的意味をおびる方向づけをもつ世界」（「中間考察」S. 564, 一四七頁）と解釈するのに対して、科学はそれを因果的メカニズムに支配される「自然因果律の世界（Kosmos）」（S. 569, 一五六頁）と見なす。このような科学的世界観は、「原理的に、およそ現世内における事象の『意味』を問うというような物の見方をすべて拒否する、といった態度を生みだす」（S. 564, 一四七頁）。そして、「経験科学の合理主義が増大するにつれて、宗教はますます合理的なものの領域から非合理的なものの領域に追い込まれていく」ことになる（S. 564, 一四八頁）。そして遂には、科学こそが「思考による世界観察のただ一つの可能な形態」だと主張されるようになる（S. 569, 一五六頁）。つまり、科学的世界観が浸透することにより、宗教的世界観は非合理的なものとして排斥されるようになり、それによって、世界はそれ自体としては意味を持たないものだ、ということが明白となるのである。いわば、科学が宗教を追放し、世界の意味を奪ったのであり、科学が世界の「意味喪失」をもたらしたのである。

現代では、「世界に起こる出来事が、いかに完全に研究され尽くしても、そこからその出来事の意味を読み取ることはできず、かえって、（われわれ自身が）意味そのものを創造することができなければならない。つまり、『世界観』とは、けっして経験的知識の進歩の産物ではない」ことを知らねばならぬことが「宿命」となっている（「客観性」S. 154, 四三頁）。だが、そのことによって「意味問題」が消滅するわけではない。それどころか、合理化の過程において生じる諸価値の自立化と相互対立は「神々の闘争」をもたらし、「意味問題」への意識的対応を迫るようになる。シェーラーの言うように「世界観をもつこと、(ヴェーバー流に言えば)他のすべての神々を排しつつ『定められた神々に奉仕すること』は、人間にとって、すべての科学にもましてはるかに重要な事柄」なのである(「世界観学、社会学および世界観措定」S. 13, 二〇頁)。だが今は「神もなく預言者もいない時代」(「学問」S. 552, 六七頁)、宗教が力を失った時代である。とすれば、「意味問題」への対応は、「世界観察のただ一つの可能な形態」である科学の手に委ねられる他ないことになる。

2 科学と合理性

シュルフターはヴェーバーの合理主義概念に三つの意味を区別し、それらをそれぞれ①科学的・技術的合理主義、②形而上学的・倫理的合理主義、③実践的合理主義と名付けている。①は「物事を計算によって支配する能力」、②は「意味連関の体系化、すなわち『意味目標』の知性による加工と意識的純化」、③は「方法的生活態度の涵養」をそれぞれ意味する(『現世支配の合理主義』S. 10, 一七頁)。これらは、ヴェーバーが合理性を考察する際の基本的な、しかし相対的に独立した三つの視点ないし規準だと考えられる。

科学はそれらとどう関わるであろうか。①は科学の技術的・道具的側面と呼んだものに、②は科学が行なう世界の体系的な解釈に、③は科学が「意味問題」に関する究極の態度決定を促し、選択された立場に従って一貫した態度を保つことを要請する、ということにそれぞれ対応している。つまり、ヴェーバーは科学がこれら三つの合理性の規準すべてに関わるものだと考えている、と解釈しうるのである。

とすれば、シュルフターのように、①にのみ科学的という形容詞をかぶせることは具合の悪いことになる。

また、②を形而上学的・倫理的と呼ぶのは、宗教の世界解釈を念頭に置いているからであろうが、科学もまた――宗教とは対立的な立場からではあるが――体系的な世界解釈を行うことを考えれば、この呼び方も不適切ということになる。そこで本章では、①を技術的・道具的合理性、②を理論的合理性[2]、③を実践的合理性と呼ぶことにしたい。

これら三つの合理性相互の関連はどうであろうか。

まず、技術的・道具的合理性と理論的合理性の関連について。この両者は相補的な関係にあると考えられる。というのは、技術的・道具的合理性が全面的に展開しうるためには、世界は技術的支配の対象として、意味を欠いた単なる事実の集合として解釈されていなければならないからである。また、技術的・道具的合理性の浸透に伴って、このような解釈は一層徹底したものとなっていくであろう。

だが、近代の実証科学においては、二つの合理性は相補的関係にあるというよりは、本来的に結び付いたものだ、という見解も存在する。例えばシェーラーは、実証科学の理論そのものが「支配と制御の意志」に貫かれている、と考えている（『知識形態と社会』S. 93.（上）一三六頁）。つまり、科学の理論的合理性は技術的・道具的合理性に基礎付けられ、それによって方向付けられる質のものだ、ということである。実証科学に対するこうした捉え方は、言うまでもなく、アドルノやハーバーマスにも共通するものである。しかしこの点は、ヴェーバーにとってはほとんど問題とはされていなかったように思われる。

次に、理論的合理性と実践的合理性の関連について。この両者の関係はいささか複雑である。科学的世界観の浸透は、「意味問題」を宗教の手から解き放つ。それは、宗教や伝統に左右されることなく、主体が意識的、自律的に自らの究極の立場を決定することを可能にする。言い換えるならば、科学の理論的合理性が、

「意味問題」に関する主体的で自由な決定の可能性を与える、ということである。[3]

だが、科学の理論的合理性は、他方で、このような決定の根拠のなさを白日のもとに晒してしまうことにもなる。先に述べたように、科学は宗教による世界の意味的解釈を崩壊させ、世界の没意味化を押し進める。しかも、科学は、究極の立場決定を教えることはできない。そして、科学が「世界観察のただ一つの可能な形態」とされる限り、主体の究極の立場決定が科学によっては根拠付けられないということは、それがなにものによっても根拠付けられることはできないということを意味する。科学の理論的合理性は、世界の没意味性を明らかにすることによって、主体的に決定された究極の立場もこの没意味化された世界の上にきわどく浮かんでいるに過ぎず、その足下には無意味性の深淵が大きく口を開けているということを明瞭に意識させることになる。つまり、理論的合理性は、実践的合理性の主体的選択を可能とする一方で、同時に、同じ実践的合理性の根拠を危うくもさせるのである。大林は、「ニーチェが『神は死んだ』というとき、神を殺したのはまさしくヨーロッパの近代的精神であったが、ウェーバーもまたこうしたニーチェ的ニヒリズムの精神史的状況に生きていたのである」と述べているが（『マックス・ウェーバーと同時代人たち』一八五頁）、本章の文脈で言えば、神を殺したのは、科学の理論的合理性に他ならない。意味喪失をもたらした当の科学を自らの立場として「意味問題」に立ち向かわざるをえなかったということ、これこそがヴェーバーの科学論における最大のパラドックスであろう。

次に技術的・道具的合理性と実践的合理性との関連はどうであろうか。近代資本主義の成立期においては両者は結び付いていたと考えられる。このことを検討することが、「プロテスタンティズムの倫理と資本主義の精神」の一つのテーマであったといえよう。もっとも、そこでは、実践的合理性は宗教によって形成されたものと考えられているし、技術的・道具的合理性も科学の合理性としてではなく、経済活動における目的合理性として捉えられている。科学に関しては、近代経済の基調である経済的合理主義とは、「生産過程を科学的観点の下に再編成し、それによって人間の身体にからみついている自然の『有機的』限界から解放するという仕方での労働生産性の増大を意味する」（「倫理」S. 60-61, 九一頁）という指摘、また、プロテスタント達が数学的・自然科学的な諸学科を特に好んだという記述（S. 141-142, Anm. 5, 二四九-二五〇頁）などが断片的に見られるに過ぎない。しかし、このような記述からでも、方法的生活態度という意味での実践的合理性と、科学の技術的・道具的合理性との結び付きをヴェーバーが認めていたことは疑いえないことであろう。

だが、現在においては両者の結び付きは断ち切られている。「勝利をとげた資本主義は、機械の基礎の上に立って以来、この支柱（＝禁欲の精神）をもはや必要としない」（S. 204, 三五六頁）。機械とは科学の技術的・道具的合理性の具現化したものであろう。だが、機械が人間の労働に取って代わるのではない。むしろ、人間が機械の動きに合わせるよう強制されるのである。言い換えるならば、実践的合理性が技術的・道具的合理性の下位に置かれるということである。この限りでは、禁欲的な態度（＝実践的合理性）がもはや必要でなくなったということではない。機械の、あるいは組織の論理に従って労働している限りにおいては、やはり、禁欲的な態度が求められはするのである。しかしそれは外部から強制されるものであって、資本主義の成立期におけるプロテスタント達のような、宗教的な力によって内面から支えられた態度ではない[4]。このことは、世俗化の進行した現在においては、禁欲的態度は労働の場においてのみ求められるものであり、その場を離れれば、もはやそのような態度を必要とする理由は何もない、ということを意味することになろう。

だが、外的な強制の下で、労働という限られた場においてのみ求められるこのような禁欲的態度は、生あるいは生活の全体を組織的に方向付けるという意味での実践的合理性とはおよそ異質なものである。それは、かつての宗教によって内的に支えられていた実践的合理性の形骸化した形態に過ぎない。

しかし、だからこそ現代においては実践的合理性が問題となるとヴェーバーは考えていたのではなかろうか。このような時代だからこそ、生の究極の意味を意識的に選び取り、それに従って一貫した態度で生きていくことが必要とされるのである。そして、その際私達が頼ることのできる知の形態としては、唯一科学だけが残されている。先の三つの合理性に関しても、そのうち理論的合理性および実践的合理性の担い手は、近代においては、宗教から科学へと移行している。「意味問題」に究極的な解決を与えることができないにもかかわらず、科学がそれに関わらねばならないのは、こういう理由からなのである。

3 「文化人」と科学

予測による対象の技術的支配や、世界の体系的に一貫した解釈を「合理的」と呼ぶことは理解しやすい。だが、一貫した態度を保つことがなぜ「合理的」なのだろうか。この問いは、ヴェーバーの実践的合理性の意味を問うことにつながる。

この問題を考察するためにまず注目すべきは、ヴェーバーの「文化人」規定である。「文化人」規定とは、「われわれが、世界にたいして意識的に態度を決め、それに意味を与える能力と意思とをそなえた文化人である」ということである（「客観性」S. 180. 九三頁）。姜は、この「文化人」規定が「彼の学問を支えるメタ学問的な方法的根拠となっている」と指摘しているが（『マックス・ヴェーバーと近代』二一四頁）、この規定は、単にヴェーバーの学問論の前提であるだけではない。小倉によれば、「文化人とは価値を意識し、これを『意志』的に実現しようとする『価値実現』の主体である」（『M・ヴェーバーにおける科学と倫理』五〇頁）。つまり「文化人」規定は、「意味問題」における人間の主体性規定に他ならず、「意味問題」についてのヴェーバーの思考の「先験的前提」ともなっているのである。

「文化人」規定はヴェーバーの人格概念に基礎を置くものである（五〇頁、二四一頁）。ヴェーバーにとって人格とは、「特定の究極的『価値』と生の『意義』……に対する恒常的な内的関係のうちにその『本質』が見出される」ものである（「ロッシャー」S. 132,（二）一二八頁）。人は、特定の価値のために「生きつくす」ことによって人格となりうる。このような人格は、人間におのずから備わっているものではない。歴史的に見れば、人間に人格を与え、「『人格』に人間を教育する」（「倫理」S. 117, 二〇二頁）ことに大きく寄与したのは、キリスト教的禁欲であった。

ヴェーバーは、キリスト教的禁欲について、「それは、自然の地位を克服し、人間を非合理的な衝動の力と現世および自然への依存から引き離して計画的意志の支配に服させ、彼の行為を不断の自己審査と倫理的意義の熟慮のもとにおくことを目的とする、そうした合理的生活態度の組織的に完成された方法」である、と述べている（S. 116, 二〇一頁）。このような「能動的な自己支配（Selbstbeherrschung）」（同）、これこそが、「文化人」規定や人格規定の根底にある究極的な前提だと考えられる。つまりヴェーバーにおける主体性とは、外的世界の支配と自己自身の支配という二つの方向を持つ、対象の支配による主体性に他ならない。そして、脱呪術化、没意味化の進行した現代においては、自己自身の支配としての主体性（実践的合理性）は、自らの究極的な立場を自分で選び取り、そういう意味での自らの立場の「主観性」を意識しつつ、それにもかかわらず、その立場に従って一貫した態度で生きつくすということを意味する。これは、いわば神なき禁欲主義、神なきプロテスタントの姿と言ってよいであろう。

このように見てくれば、実践的合理性への要請が、科学によってもたらされるものでないことが明らかとなろう。宗教は自らの論理に従って、実践的合理性を要請することができる。しかしヴェーバーの場合には、実践的合理性への要請は彼の倫理的な立場からの要請なのである。科学は「明晰さ」へと導くことによってそれを助けることができるに過ぎない。技術的・道具的合理性や理論的合理性が科学の合理性であるのに対して、実践的合理性は科学そのものが持つ合理性ではないのである。とすれば、実践的合理性は、科学との関係において、二重の意味で不安定な基礎の上に立っていることになる。第一に、究極の立場選択は科学によっては根拠付けられない。しかも、その究極の立場に従って一貫した立場を取り続けるべきであるということは、倫理的な要請ではあっても科学の要請ではなく、それゆえ、科学はこの要請に根拠を与えることもできないからである。

現在の社会学においては、例えばゴフマンの自我論に見られるように、このような実践的合理性――自我の一貫性――に否定的な理論が現われている。特に山崎は、明らかにヴェーバーを念頭に置いて、自我の一貫性に否定的な議論を展開している。彼は「硬い自我の個人主義」と「柔らかい自我の個人主義」という二つの自我類型を提示する。前者は「帰依」と「一貫性」によって特徴付けられるプロテスタント＝ヴェーバー的な自我である。そして後者は、欲望をも他者との関係をも限定せず「多様化して行く自己を統一する能力」を持つ自我を意味する（『柔らかい個人主義の誕生』一四一―一四二頁、二〇八頁）。そして、山崎は、後者こそが現代の脱産業社会＝消費社会にふさわしい自我のあり方だとするのである。

このような主張に対して、ヴェーバーの立場からはどう反論しうるであろうか。それは、「ゆたかで美しい人間性の時代」、「ファウスト的な人間の全面性」（「倫理」S. 203. 三六四頁）を志向するものなのだろうか。それとも、「倫理的その日暮らし」（S. 113. 一九一頁）に過ぎないとみなされるべきなのだろうか。どちらにせよ、それが「人間の全面性」を「断念」し、職業に専念することを求めるヴェーバーの立場とは対立するものであることは明らかであろう。この対立もまた「神々の闘争」の一つの形態なのだろうか。そうであれば、「科学」の立場からの反論は不可能である。彼はただ、それがあなたの選んだ神だ、しかしそれは、私の選んだ神とは対立する神なのだ、と言いうるだけであろう。

ここで現在の私たちの人格や自我にとって内的一貫性が必要かどうかを論じるつもりはない。また、没意味化した世界の中で、しかもそのことを明白に意識しつつ科学を自らの立場として選び取り、そのために生きつくそうとしたヴェーバーの決断の重さを否定するつもりもない。確かにこのような彼の姿は、圧倒的な力を持って私たちに迫ってくるものである。彼の立場を肯定するにせよ否定するにせよ、彼の決断の意味を考えることなくそれを行うことはできないであろう。だが、この決断を支えるヴェーバーの主体性の論理と科学の論理の間には、越えることのできない溝が横たわっている。しかも科学の論理に従う限り、科学は、決断の無根拠性を明らかにすることによって、このような彼の決断の意味をすら無意味化してしまうことになるのではないだろうか。

このことは、ヴェーバーが自らの立場として選んだ科学についても当てはまる。「科学がだれかの『天職』となる価値があるかどうかということ、また科学それ自身がなにか客観的に価値ある『職分』をもつかどうかということ」について、ヴェーバーは「自分の仕事を通じてこの点を肯定している」と述べている（「学問」S. 551, 六四－六五頁）。だが同時に、それは「神々の闘争」という条件下では「一つの価値判断であって、この点については教室ではなにごとも発言しえない」とも言う（同）。これはもちろん、科学によっては解答しえない問いだということである。それにもかかわらず、彼は科学という「神」に仕えることを選んだのである。

しかし「今日、究極かつもっとも崇高なさまざまの価値は、ことごとく公の舞台から引きしりぞ」いている（S. 554, 七一頁）。「これは、われわれの時代の、この合理化と主知化、なかんずく世界の脱呪術化を特徴とする時代の宿命である」（S. 554, 七一－七二頁）。このような宿命に男らしく耐え、「自分の仕事に就き、そして『日々の要求』に……従おう。このことは、もし各人がそれぞれその人生をあやつっている守護霊をみいだしてそれに従うならば、容易にまた簡単におこなわれうるのである」（S. 555, 七四頁）とヴェーバーは「職業としての学問」を締めくくっている。

だが、「究極かつもっとも崇高な」諸価値が歴史や社会の舞台から姿を消してしまった現代においては、科学も同様の運命をたどらなければならないのではないか。こうした現実を直視しつつその運命に耐えることは、けっしてそれほど容易でも簡単でもないのではなかろうか。

ヴェーバーは「中間考察」において、「死の無意味化」によって「生の無意味化」つまり「ひたすら文化人へと現世内的に自己完成をとげていくことの無意味化」が引き起こされる、と述べている（「中間考察」S. 569, 一五七頁）。つまり、宗教的世界観が力を失った世界では、文化を基礎付ける究極的価値の意味が死によって奪われてしまう、ということである。「このように見てくると、『文化』なるものはすべて、自然的生活の有機体的循環から人間が抜け出ていくことであって、そして、まさしくそうであるがゆえに、一歩一歩とますます破滅的な意味喪失へと導かれていく。しかも、文化財への奉仕が聖なる使命とされ、『天職』とされればされるほど、それは、無価値なうえに、どこにもここにも矛盾をはらみ、相互に敵対しあうような目標のために、ますます無意味な働きをあくせく続けるということになる、そうした呪われた運命におちいらざるをえないのである」（S. 570. 一五八–一五九頁）。これは当然、科学という職業、科学の価値にも当てはまる、ということをヴェーバーは十分に自覚していたはずであろう。

注

（1）シェーラーに関しては、拙稿「シェーラーの実証主義批判と実証科学の位置」『大谷學報』七一–二、一九九二年、マンハイムに関しては、同「マンハイムとユートピアの問題」『哲學論集』三三号、一九八七年、参照。

（2）理論的合理主義に関しては、「序論」S. 251–254. 五七–六一頁、S. 265–266. 八一頁参照。

（3）姜は、「事象化」との関連においてであるが、「能動的な価値主体の可能性」に言及している（『マックス・ウェーバーと近代』八–九頁）。

（4）周知のようにヴェーバーは近代官僚制の特徴として「非人格性（Unpersönlichkeit）」を挙げているが、この場合の「非人格性」とは、主体的な意味付けを欠いた禁欲的態度に他ならない。

参考文献

姜尚中『マックス・ウェーバーと近代』、お茶の水書房、一九八六年。
小倉志祥『M・ウェーバーにおける科学と倫理』、清水弘文堂、一九七一年。
大林信治『マックス・ウェーバーと同時代人たち』、岩波書店、一九九三年。

Scheler, M., Weltanschauungslehre, Soziologie und Welt-anschauungssetzung. *Gesammelte Werke* Bd. 6, Bouvier Verlag, 3. durchges. Aufl., 1986.「世界観学、社会学および世界観措定」『シェーラー著作集九』、白水社、一九七七年、所収。

Scheler, M., Die Wissensformen und die Gesellschaft, *Gesammelte Werke* Bd. 8, Francke Verlag, 3. durchges. Aufl., 1980.「知識形態と社会（上）」『シェーラー著作集十一』、白水社、一九七八年所収。

Schluchter, W., *Rationalismus der Weltbeherrschung*, Suhrkamp, 1980.（ヴォルフガング・シュルフター、米沢和彦・嘉目克彦訳『現世支配の合理主義』、未來社、一九八四年。）

山崎正和『柔らかい個人主義の誕生』、中公文庫、一九八七年。

第4章　「神々の闘争」と科学

はじめに

ヴェーバーにとって、科学は両義的な意味を持っていたように思われる。科学は一方において、世界それ自体は意味を持たない、ということを明らかにすることによって、意味喪失をもたらす。だが、他方で行為の究極の意味およびそれと価値との関わりを明らかにすることによって、意味問題に関わるからである。こうした両義的な方向の「緊張」[1]の中に身を置き、それに男らしく耐える、という態度には確かに人を魅了するものがある。だがそれは、矛盾を矛盾のままで放置した、ということでもある。科学が意味喪失をもたらすという論点を徹底させれば、主体の究極的決断すら無意味化されてしまうことになる。[2]だが、もう一方の視点からは、あるいはこの状況を突破する方向性が見えてくるのではないか。ヴェーバーの態度に共鳴し、同調するだけでなく、それを越えていこうとするならば、このような可能性を探る作業はぜひとも必要なものとなるであろう。本章は、ヴェーバーにおける科学の意味のこのような側面を、「神々の闘争」と科学との関わりという点から考察しようとするものである。

1 「神々の闘争」

「神々の闘争」とは、ヴェーバーの価値論上の立場の比喩的な表現である。それはまた、「価値の多神教」とか「神と悪魔の闘争」とも表現される。まず、「神々の闘争」に関するヴェーバー自身の言葉をいくつか引用してみよう。

「けっきょくのところでは、どこでもいつでも諸価値のあいだでは、二者択一が問題であるばかりではなく、また『神』と『悪魔』との闘争のように和解できない死闘が問題である。『神』と『悪魔』とのあいだには、なんらの相対化も妥協もない。」（「価値自由」S. 469，五九頁）

「あるものは美しくなくとも神聖でありうるだけでなく、むしろそれは美しくないがゆえに、また美しくないかぎりにおいて、神聖でありうるのである。……また、あるものは善ではないが美しくありうるというだけでなく、むしろそれが善でないというまさにその点で美しくありうる。……さらに、あるものは美しくもなく、神聖でもなく、また善でもないかわりに真ではありうるということ、いな、それが真でありうるのはむしろそれが美しくも、神聖でも、また善でもないからこそであるということ、――これはこんにちむしろ常識に属する。だが、これらは、こうしたもろもろの秩序と価値の神々の闘争のなかでももっとも基本的なばあいにすぎない。フランスの文化とドイツの文化とを比較して『学問的に』その価値の高下を決しようとするばあいなど、どうやってそうするのかわたしにはわからない。

この点でも神々はたがいに争っており、しかもそれは永久にそうなのである。」（「学問」S. 545–546. 五四–五五頁）

「……ここに述べたような考えは、人生が、その真相において理解されているかぎり、かの神々の間の永遠の闘争からなっているという根本の事実にもとづいている。比喩的でなくいえば、われわれの生の究極のよりどころとなりうべき立場は、こんにちすべてたがいに調停しがたくまた解決しがたくあい争っているということ、したがってわれわれは、当然これらの立場のいずれかを選定すべく余儀なくされているということ、がそれである。」（S. 550. 六四頁）

「神々の闘争」とか、「神と悪魔の闘争」といった表現はそれ自体比喩的であるし、彼の社会学の中心的な概念とは違い、明確に規定されてもいない。そのため、さまざまに解釈される余地を残している。以下、いくつかの解釈を取り上げ、検討することから始めよう。

浜井は、「神々の闘争」が意味するのは価値多元論であるとし、次のような解釈を示している。「……ウェーバーの価値論は神々の永遠の争いを『根本事実』として認める価値多元論であった。真、善、美、聖等の諸価値領域、あるいは政治、経済、宗教、学問、芸術等の価値序列相互の間で永遠の闘争が存在し、その決着は誰もつけることができない」（『ウェーバーの社会哲学』六二頁）。「神々の闘争」の意味するものが、まずは価値多元論、それも多元的な価値の対立（『ヴェーバーの再検討』九四頁）であることは、間違いあるまい。だがヴェーバーは、諸価値領域あるいは諸価値序列の並列的な対立を考えているのだろうか。

「客観性」論文では、「個々人が実現しようと欲する文化理想と個々人が果たすべき倫理的義務とは、原理的に異なる威厳をもつ」（「客観性」S. 154. 四一頁）と言われている。つまり、文化と倫理が異なる価値領域に属するということである。(3) 周知のように、「客観性」論文における主要な論点の一つは、事実判断と価値判断との異質性の主張であるが、さらに価値判断の内部でも異質な二つの領域が区別されているわけである。それに科学を加えれば異質な三つの領域が区別されることになる。「ある論述が、〔①〕われわれの感情と、具体的実践目標ないしは文化形態また文化内容に向かって奮起するわれわれの能力に訴えているのか、それとも〔②〕倫理的規範の妥当が問題となるばあいに、われわれの良心に訴えているのか、あるいは最後に、〔③〕経験的真理として妥当するという要求を掲げ、経験的実在をそうした要求に相応しい仕方で思考によって秩序づけるわれわれの能力と欲求とに訴えているのか、これら三者の間には、架橋しがたい区別が永遠に存在しつづける……。」(「客観性」S. 155, 四三頁) ここで主張されていることは、諸価値領域・諸価値秩序の単なる並列的な対立とは明らかに異なっている。

ハーバーマスの解釈は、この論点に対応するものである。彼は、ヴェーバーが価値領域を基本的には科学と技術、法と道徳、芸術と批評、の三つに区分している、と解釈する(『コミュニケイション的行為の理論』S. 125, (上) 一三〇頁)。ハーバーマスはそれを、認知的領域、規範的領域、自己表示的領域などと呼んでいるが、伝統的な用語を用いるなら、真、善、美、という三つの価値領域である。そうして彼によれば、「各々がそれに固有の論理に基づく三つの価値領域の分化」によってもたらされる「三つの価値領域間の緊張」、さらには「不統一性と矛盾」が、根本的な問題なのである (S. 234, 二三五頁、S. 258, 二五八頁)。だが、ヴェーバーにおいては、三つの価値領域を構成する普遍的価値基準と個別的な価値内容との区別が不十分であった、とハーバーマスは批判する (S. 340, 三四二頁)。そのため、「それぞれが固有の抽象的な妥当局面の下で合理化される三つの価値領域というモデルに、真理、富、美、健康、正義、権力、神聖性等々といった分類し難い諸価値の多様性という観念が取って代わっているのであり、そうした個別的で、究極的には非合理的な価値の間には、根拠によって解消することのできない対立が存在する」(S. 342, 三四四頁) ということになってしまうと言うのである。つまり、ハーバーマスによれば、「理性それ自体が複数の (三つの――筆者) 価値領域の中へと分解していってしまい、自己の普遍性を破壊してしまう」(S. 337, 三三九頁) ということが、「神々の闘争」における根本的な問題であるのだが、ヴェーバーはそれを捉え損ねている、ということになる。

だが、はたしてそうだろうか。先の引用文からも理解されるとおり、ヴェーバーは、真、善、美 (さらに聖) という基本的な諸価値の分裂、対立という事態は十分に意識していたはずである。しかし、彼にとっては、この三つ (ないし四つ) の基本的価値の対立は、根本的な問題というよりは、「むしろ常識に属する」、「『神々の闘争』の中でももっとも基本的な (elementarst) ばあいにすぎない」のである。それゆえ、彼はこれらの基本的な諸価値の分裂、対立そのものを主題的に取り上げることをほとんどしなかったのだと考えられる。こうしてみれば、ハーバーマスのヴェーバー解釈は、彼自身の関心に引き寄せての解釈であり、ヴェーバー解釈としては適切さを欠く、と言わねばならない(4)。

しかしまた、ハーバーマスの指摘するような混乱が見られることも事実である。そのため、文化価値と倫理的価値との区別が「神々の闘争」においてどのような意味を持つのかは不明になる。とすれば、浜井にみられるような、諸価値の並列的な対立という解釈が生じるのも無理はない、ということにもなる。

ところで、浜井にせよハーバーマスにせよ、「神々の闘争」を諸価値間の対立、闘争と解釈しているが、ヴェーバーが対立を見ていたのは、諸価値についてだけであろうか。

「責任倫理」と「信条 (心情) 倫理(5)」という二つの倫理の対立がヴェーバーにとって重要な問題であった

ことはよく知られているとおりである。「価値自由の意味」においては、この二つの倫理的格率は、「倫理がじぶんの前提からは決着をつけることができないまったく独特に倫理的な根本問題」（「価値自由」S. 467, 五四頁）だとされ、「これらの格率は、たがいに、純粋に自分自身に基づいている倫理そのものの諸手段を持ってしては決着をつけることのできない永遠の闘争のうちにおかれている」（S. 467, 五五頁）と述べられている。また「職業としての政治」において、この二つの倫理の対立が再び取り上げられる。そこでも二つの倫理は、「倫理的に方向付けられたすべての行為」の「根本的に異なった二つの調停し難く対立した格率」だと捉えられており、両者の間には「底知れぬほど深い対立」があるとされる（「政治」S. 551, 八九頁）。それゆえ、およそ「信条（心情）倫理と責任倫理を妥協させることは不可能」（S. 553, 九二頁）なのである。

「責任倫理」と「信条（心情）倫理」との対立は、倫理という一つの価値領域内部における二つの立場の対立である。このように、ヴェーバーが調停し難い対立を見ていたのは、諸価値間においてだけではない。一つの価値領域内部における根本的な立場間にも絶対的な対立があるとみなされているのである。[6]とすれば、「神々の闘争」は、諸価値間の対立、闘争だけではなく、ある価値領域内部の究極的な諸立場間の対立、闘争をも意味するものだ、ということになる。あらゆる価値が、またあらゆる立場が他と争いあっている。この解釈は、次のような表現とも合致するものである。

「あらゆる行為が、……特定の価値への加担を意味し、したがって通例、――……――他の諸価値にたいしては敵対することになる……」（「客観性」S. 150, 三三頁）。また、「われわれをもっとも強く揺り動かす最高の理想は、どの時代にも、もっぱら他の理想との闘争をとおして実現されるほかはな」い（S. 154, 四一頁）。さらに、「われわれの生の究極のより所となりうべき立場は、こんにちすべてたがいに調停しがたくまた解決しがたくあい争っている……」（「学問」S. 550, 六四頁）。このような表現は、その他さまざまな箇所に見出すことができる。

なぜならヴェーバーにとって、「闘争こそは、あらゆる文化的生（Kulturleben）から排除されることができないもの」（「価値自由」S. 479, 八〇頁）だからである。「闘争の諸手段や闘争の対象、さらには、闘争の根本方向や闘争の担い手たちは、変えられることができるが、闘争そのものは、排除されることができない。……つねに、闘争は、存在している」（同）。ここでヴェーバーは、他者との外部的な財をめぐっての闘争と内面的な財をめぐっての闘争、それに個人の心の中での内面的な闘争という三つのタイプの闘争を区別している。「神々の闘争」とは、これらの闘争のうちで価値に関わるものを意味する、——つまり二番目と三番目とにほぼ対応する——と解釈することができるであろう。

生が闘争に満ち満ちているという見方、あるいはむしろ、生の本質は闘争であるという見方は、ヴェーバーの人格概念と深く関連している。彼にとって人格とは、「特定の究極的『価値』と生の『意義』……に対する恒常的な内的関係の内にその『本質』が見出されるもの」（「ロッシャー」S. 132, (二)一二八頁）である。言い換えるなら、「最高かつ究極の価値判断」が「『人格』内奥の要素」であり、それが「我々の生に意味と意義とを与える」のである（「客観性」S. 152, 三六頁）。そしてこの価値判断は「生における諸々の抵抗との闘いのうちに展開」（同）されねばならない。つまり、我々は「人格」として生きるためには、一つの価値あるいは立場を選び取り、そのために「生きつくす（Sichausleben）」（S. 152, 三七頁）ことができなければならないのである。だがそれは、「特定の神にのみ仕え、他の神には侮辱を与える」（「学問」S. 550, 六三頁）ことになる。

このように見れば「神々の闘争」とは、諸価値及び究極的な諸立場の絶対的な対立を意味する、ということになろう。しかしヴェーバーには、こうした視点と矛盾する議論が見られる。「価値自由の意味」の中で彼は、倫理的価値と倫理以外の価値（文化価値）とを区別した後、「それにもかかわらず、いろいろの倫理的な品位が倫理外の価値のための行為にも付着しうる」と述べている（「価値自由」S. 468, 五六頁）。「神々の闘争」の先のような解釈からすれば、ある文化価値の実現のための行為は、他の価値とは和解しがたく対立するはずである。だがここでは、それは同時に倫理的価値の領域にも属するのだ、とされているのである。

「職業としての政治」においては、同様の見解がもっと明瞭な形で現われる。そこでは「政治の倫理的故郷はどこにあるか」（「政治」S. 548, 八二頁）という問いに示されるように、政治と倫理の関係が一つの主題となっているからである。諸価値領域の間に絶対的な対立しか存在しないとしたら、そもそもこの問い自体が意味を持たないことになるであろう。その上、「責任倫理」は政治の領域にふさわしい倫理だとされている。これは、政治と倫理の領域が「責任倫理」において調和するということだ、と解しうる。

また、「職業としての学問」では、科学の意義とは何かが繰り返し問われている。そして、実生活に対する意義として、技術についての知識、「物事の考え方、およびそのための用具と訓練」そして、「明晰さ」に導くこと、という三つの意義が挙げられている。「明晰さ」に導くというのは、なによりも自分自身の行為の究極の意味を明らかにするということである。そして科学は、「各人に対して彼自身の行為の究極の意味についてみずから責任を負うことを強いることができる、あるいは少なくとも各人にそれができるようにしてやることができる」（「学問」S. 550, 六三-六四頁）。「もしある教師にこのことができたならば」、とヴェーバーは言葉を続けている。「彼は、『道徳的（あるいは人倫的）な（sittlich）』力に仕えているのであり、明晰さと責任感を与えるという義務を果たしているのである」と。

科学が道徳的、あるいは人倫的な力に仕えうるとすれば、ここでも価値の間の絶対的な対立ではなく、価値間の調和、あるいはある価値の他の価値に対する奉仕がありうることになる。いずれにせよ、諸価値、諸立場の間には、「調停しがたくまた解決しがたい」「神と悪魔との間」のような対立しか存在しえないわけではない、と解釈せざるをえないのである。

同じような矛盾が「責任倫理」と「信条（心情）倫理」との間にも見られる。先に引用したとおり、ヴェーバーは、「責任倫理」と「信条（心情）倫理」を妥協させることは不可能であると主張しているのであるが、その少し後になって今度は次のように述べている。「……結果に対するこの責任を痛切に感じ、責任倫理に従って行動する、成熟した人間……がある地点まで来て、『私としてはこうするよりほかない。私はここに踏み止まる』と言うなら、測り知れない感動をうける。これは人間的に純粋で魂をゆり動かす情景である。なぜなら精神的に死んでいないかぎり、われわれは誰しも、いつかはこういう状態に立ちいたることがありうるからである。そのかぎりにおいて信条（心情）倫理と責任倫理は絶対的な対立ではなく、むしろ両々相俟って『政治への天職』をもちうる真の人間を作り出すのである」（「政治」S. 559, 一〇三頁）。

いったい「責任倫理」と「信条（心情）倫理」とは絶対的に対立するのか、それともしないのか。ここでのヴェーバーの真意は「意味上は」絶対的に対立するとしか思えない二つの倫理が、極限においては結び付きうる、ということであろうが、それにしても、同じ講演の中で、両者を妥協させることは不可能だと述べた後で、今度は、絶対的な対立ではないと述べるということは、矛盾したことだと言わざるをえない。

このように、個別的、具体的な問題についての議論においては、諸価値、諸立場の間に調和、あるいは何らかの結び付きがありうるということをヴェーバーは認めているのである。とすれば、諸価値、諸立場の間には、神と悪魔との間のような絶対的な対立しかありえないというような表現は、額面通りには受け取れない、ということになる。しかも、どのような時に調和や結び付きがありえ、どのような時には絶対的な対立しかありえないのか、ということを彼が論じているわけではないし、また彼の議論からその点を解釈することも不可能に近い。なぜなら、一般的に諸価値や諸立場の対立について述べる時と、個別的な問題を扱っている時とでは、明らかに矛盾したことが主張されているからである。とすれば、「神々の闘争」の首尾一貫した解釈は不可能だ、ということになる。

2 「神々の闘争」と科学

次に、「神々の闘争」と科学との関係の考察に移ることにしよう。両者の関係は二面的である。一面では科学(の発達)が、「神々の闘争」の前提となっている。もう一面で、「神々の闘争」のうちにおける科学の位置が問題となる。まず前者の問題から始めよう。

「価値自由の意味」の中で、ヴェーバーは「神と悪魔との闘争」に言及し、しかしそれは「意味上」の闘争であって、現実には相対化や妥協が到る所に存在する、と述べた後で次のように言う。「すべての人間的な便宜さにとっては歓迎されないが、しかし不可避的な、知恵の木の実は、次のようなあの対立を知らねばならずそれゆえまた見なければならない、まさにそういう知恵の木の実にほかならない。すなわち、どの個々の重要な行為も、さらにまた、全体として生は、——この生が自然現象のようにまんぜんと進行するようなものではなくて意識的におくられるようなものになっているならば——一連の究極的な決定を意味するのであって、この決定によって、魂は、プラトンの場合のように、それ自身の運命を、すなわち、そのおこないと存在との意味を選ぶのである」（「価値自由」S. 469-470, 六〇頁）。また「客観性」論文には、つぎのよく知られた箇所がある。「世界に起こる出来事が、いかに完全に研究され尽くしても、そこからその出来事の意味を読み取ることはできず、かえって、（われわれ自身が）意味そのものを創造することができなければならない。つまり、『世界観』とは、けっして経験的知識の進歩の産物ではないのであり、したがって、われわれを最も強く揺り動かす最高の理想は、どの時代にも、もっぱら他の理想との闘争をとおして実現されるほかはなく、そのさい、他の理想が他人にとって神聖なのは、われわれの理想がわれわれにとって神聖なのとまったく同等である。こうしたことを知らなければならない、ということこそ、認識の木の実を喰った一文化期の宿命にほかならない」（「客観性」S. 154, 四一頁）。つまり我々が究極的な決定を意識的に行わなければならないこと、またその決定において選び取られた「最高の理想」が他の理想とは対立するものであること、言い換えれば、「神々の闘争」という事態が、科学という「知恵の木の実」、「認識の木の実」によって明白になった、ということである。

しかし科学は、「神々の闘争」を明瞭に意識させるだけではない。それはまさに「神々の闘争」を引き起こした当のものでもある。

ヴェーバーによれば「神々の闘争」に決着を着けることができるのは「預言者か救世主だけ」である（「学問」S. 551, 六六頁）。しかし、今は「神も預言者もいない時代」である（S. 552, 六七頁）。これは現在では宗教が力を失ってしまった、ということを意味する。そして、宗教の力を失わせることになった最大の要因は科学（的世界観）の浸透に他ならない、と彼は見ているのである（「中間考察」S. 564, 一四八頁）。

では、科学はどうであろうか。「倫理的科学」を標榜し、「われわれを拘束する規範や理想をつきとめ、そこから実践のための処方箋を導き出す」ことが、経験科学の課題である、あるいは経験科学によって可能であるとする立場もありうる（「客観性」S. 149, 二九頁）。この立場に対してヴェーバーは、そこでは「『あるもの』（存在）の認識と『あるべきもの』（当為）の認識とが原理的には区別されていない」（S. 148, 二八頁）と批判し、「あるべきもの」の認識は、「断じて、経験科学の課題ではない」（S. 149, 二九頁）、「経験科学は、なんぴとにも、なにをなすべきかを教えることはできない」（S. 151, 三五頁）、と主張する。これは言うまでもなく、彼の「価値自由」の中心的な主張である。

科学が宗教を衰退させ、しかも、科学は価値判断の問いには答えないという立場を取るならば、価値判断に究極の根拠を与えてくれるものは何もない、ということになる。ここに、「神々の闘争」という状況が現われるのである。科学は「神々の闘争」を引き起こし、さらに、その明白な認識を迫る。科学が「神々の闘争」の前提になっているというのはこういうことである。

次に、「神々の闘争」における科学の位置、という問題に移ろう。つまり、科学は「神々の闘争」における一つの神なのか、それともそうではないのか、という問題である。浜井は科学（学問）も神々の一つだ、という解釈を示している（『ヴェーバーの社会哲学』六三頁）。確かに、最初に引用したような、真、善、美、聖という諸価値が、「神々」として絶対的に対立している、というような表現からは、科学も「神々の闘争」から免れているわけではない、という解釈が導かれる。だが一方で、ヴェーバーは科学的認識と価値判断とを峻別すべしという「価値自由」の要請によって、価値判断をめぐる争いから科学を救い出したのではないか、ということも考えられる。科学的認識と価値判断とを峻別することによって、価値判断は「神々の闘争」のうちに投げ入れられるが、科学はそれを免れるのではないか。この点はどう考えればいいのであろうか。

ヴェーバーは科学の価値として、「論理的または事実的（sachlich）に評価されて正しい（richtig）」ということと「科学的関心という意味において重要な（wichtig）」ということの二つを区別している（「価値自由」S. 461, 四一–四二頁）。前者は科学的認識の「客観性」の問題である。そして、（文化）科学は主観的な価値を前提とはするけれども（「価値関係性」）、それにもかかわらず客観性を持ちうる、と考えられている。つまり、科学的認識の「正しさ」は科学的な手段によって判定しうる、ということであり、それゆえ、科学的認識は「神々の闘争」に巻き込まれなくてもすむ、というのが、彼の考えなのである。

また「職業としての学問」の中では、「論理や方法論上の諸規則の妥当性（Geltung）」と、研究結果が「『知るに値する』という意味で重要な（wichtig）事柄である」という二つのことを科学が前提としている、と述べられている（「学問」S. 540–541, 四三頁）。この二つの前提は、先の科学の二つの価値に対応するものである。そしてヴェーバーは、これらの二つの前提の内の前者は、科学の意義という当面の問題にとっては議論を要しないことであるが、後者はそうではない、と言う。「なぜなら、ある研究の成果が重要であるかどうかは、科学的な手段によっては論証しえないからである。それはただ、人々が各自の生の究極の立場からその研究の成果がもつ究極の意味を拒否するか、あるいは承認するかによって、解釈されうるだけである」（S. 541, 四三–四四頁）とすれば、研究成果の重要性の判断は一つの価値判断であり、この面では科学は

「神々の闘争」に巻き込まれざるをえない、ということになる。

だがこの場合には、科学は「神々の闘争」に巻き込まれるとしても、そこにおける一つの神ではありえない。なぜなら、科学が一つの神でありうるためには、他の価値や立場とは異なったそれ独自の価値あるいは立場を持つことが必要だからである。

小倉は、科学の価値をヴェーバーとは違った意味で理解している。彼によれば、科学（あるいは科学的態度）とは、真理の探究に価値を認める生活態度のことである。そして科学をこのように規定した場合には「科学の意味は範疇の論理的妥当によってではなく、科学的探究そのものの有する価値から基礎づけられねばならぬことになる」（『M・ウェーバーにおける科学と倫理』一一八頁）。個々の研究成果の重要性とは区別される、真理の探究そのものの持つ価値、これを科学の第三の価値だと考えることができる。そして、美や善という価値と対立しつつ真理を追究するということが可能になるのは、価値のこの次元を前提すればこそである。つまり、科学が「神々の闘争」における神々の一つであるとすれば、それは、科学の価値のこの次元においてなのである。

ヴェーバーも科学の価値のこの次元に気付いていないわけではない。「科学的真理の価値への信仰は、特定の文化の所産であって、自然に与えられるものではない」（「客観性」S. 213. 一五八頁）と、彼は述べている。真理の価値それ自体とは区別される、その価値への「信仰」、これが小倉の言う科学の価値に対応するものであることは容易に理解されよう。そしてそれが自然的所与ではないとされているということは、それが普遍的な自明性を持つものではないということをヴェーバーが意識していた、ということでもある。

ヴェーバーは、また、自然科学の前提について次のように述べている。「物理学、化学、また天文学のような自然科学は、宇宙の諸事象についての――科学が構成しうる限りの――究極の諸法則が知るに値するものであることを自明のこととして前提している。それは、この知識によって技術的な成果を収めることができるから、というだけではなく、これらの科学が『天職』であるべきならば、『それみずからのために』知るに値するからである」（「学問」S. 541. 四四頁）。ここでも問題になっているのは、個々の研究成果の重要性ではなく、科学という営為そのものの重要性であることは明らかであろう。そして彼は、次のように言葉を続けている。「それがはたして知るに値するかどうかは、これらの科学が論証しうべき事柄ではない」。科学はその営為――真理の探究――自体が価値あるものであることを前提している。だがそれは科学が証明しうることではない。それゆえ科学は、他の神々と相争わねばならぬ一つの神となるのである。

ところで、「神々の闘争」という事態が成立するためには諸価値が互いに自立し、分裂するだけでなく、その上自己目的化されていなければならない。なにか他のより高い価値や目的のための手段としてではなく、美を美として追及する（芸術のための芸術）からこそ美という価値、あるいは芸術という領域が一つの神となりうるのである。では、同じことが科学についても言えるであろうか。

先の引用文からは、ヴェーバーがそう考えていると解釈することができるであろう。自然科学は、自然法則を「それみずからのために」探究するのである。これは、科学の自己目的化、「科学のための科学」という立場に他ならない。また、科学はかつては、「真の実在への道」、「真の芸術への道」、「真の自然への道」、「真の神への道」、「真の幸福への道」などと考えられてきたが、今日ではこのような見解は「すべてかつての幻影として滅び去った」とも言われている（S. 540. 四二頁）。つまり、科学が今日では、他の価値に奉仕するものではなくなった、ということである。そしてこのこともやはり、科学の自己目的化、「科学のための科学」という状況に現在の科学が立ち到っているという認識をヴェーバーが持っていた、ということを示している。

だが、ヴェーバーはこのような視点を一貫して持ち続けているわけではない。例えば、先に挙げた、自然科学が自然法則を「それみずからのために」探究する、と述べた少し後では次のように言われている。「一般に自然科学は、もし生を技術的に支配したいと思うならばわれわれはどうすべきであるか、という問にたいしてはわれわれに答えてくれる。しかし、そもそもそれが技術的に支配されるべきかどうか、またそのことをわれわれが欲するかどうか、ということ、さらにまたそうすることがなにか特別の意義をもつかどうかということ、――こうしたことについてはなんらの解決をも与えず、あるいはむしろこれをその当然の前提とするのである」（S. 541-542, 四五頁）。この場合には、生の技術的支配という目的が自明の前提だとされており、科学はそのための技術的な手段として捉えられている。しかし、同じように、何かを自明のこととして前提すると言っても、科学それ自体の価値を前提とするのか、他の目的や価値を前提とするのかによって、「神々の闘争」における科学の位置はまったく違ったものとなる。

もっとも、科学が手段として位置付けられているのは、この場合、医学のような技術学が例に挙げられているからだ、とも考えられる。だが、第1節で指摘したように、ヴェーバーは科学が各人の行為の究極の意味を明らかにし、それに対する責任を負うことができるようにすることによって、道徳的（ないし人倫的）な力に仕えうる、とも述べている。ここで考えられているのは、所与の目的を前提とする技術学ではない。それは、科学が「思弁の領域に踏み込まずになしうる最後のこと」（「客観性」S. 151, 三五頁）なのであり、「明晰さということのためになしうる科学の最後の寄与」（「学問」S. 550, 六三頁）なのである。科学がその

「職分」を守りながら、各自の生に対してなしうるぎりぎりの寄与、それがこのような意味で「明晰さ」をもたらすことだとヴェーバーは考えているのである。この場合にも、科学は――単なる手段としてではないとはいえ――他の価値に奉仕するものだ、ということになる。だが、科学の意義をこのように捉えるならば、科学は他の神々と絶対的に対立する一つの神ではない、ということになる。

同様のことが、科学と政治との関係についても言える。ヴェーバーは政治家にとって特に必要な三つの資質として、情熱、責任感、判断力を挙げている（「政治」S. 545, 七七頁）。そして判断力とは「精神を集中して冷静さを失わず、現実をあるがままに受けとめる能力、つまり事物と人間に対して距離を置いて見ること」（S. 546, 七八頁）だとしている。これは「科学的」態度のことだと言ってよいであろう。また、「責任倫理」における責任は、行為の結果に対する責任である。そして、ヴェーバーが科学の技術的批判として、（特に行為者にとって望ましくない）副次的な結果の予測を挙げていたことを考えあわせるならば（「客観性」S. 149-150, 三一-三二頁）[7]、政治にふさわしい倫理としての「責任倫理」は、科学的な態度抜きでは成り立たない、ということは明らかであろう。

シュルフターによれば、科学と「責任倫理」との関係は、より根源的なものである。「……責任倫理家は、近代科学に注目するよう指示されているだけでなく、科学の可能性と限界とを正しく見定めるよう強いられてもいる。彼は、相対的に自律的な、『価値自由』な科学を必要とする。この科学は、目的-手段の連鎖の経験的分析により、また行為の格率の論理的・意味的分析によって、彼のために責任倫理的行為の前提を造り出すのである。因果連関についても価値関係についても、『客観的』な知識というものが存在しない社会では、厳密な意味で責任倫理的に行為することは決してできない。価値に関係づけられた価値自由な認識こそが、責任倫理的に評価できるような事態を造りだすのである。だから近代科学は、責任倫理的行為に対して必要不可欠の関係にあるだけでなく、批判的な関係にもあるわけである。価値自由と責任倫理は、脱呪術化された条件の下では互いに関係し、一箇の統一体をなしている」(『現世支配の合理主義』S. 59, 一二〇頁)。この解釈は、いささか深読みしすぎではないか、という気もする。しかし、いずれにせよ、ヴェーバーが政治と科学と倫理との間に緊密な関係がありうるとしていることには間違いはない。

このようにヴェーバーは、科学の意義や政治と科学との関係についての議論においては、道徳(ないし人倫)や政治という価値に科学が仕えうる、という見解を示している。この場合にも科学は、真理の探究という科学独自の価値を捨て去るわけではない。だが、他の神に仕える神は、少なくとも「神々の闘争」における神、他の神々と絶対的に対立する神ではありえない。いったい科学は「神々の闘争」における一つの神であるのか、そうでないのか。ヴェーバーの議論からは、どちらとも答えることができない。第1節で指摘したのと同じ矛盾がここにも現われているのである。

だが、科学が自己目的的なものとして他の価値と絶対的に対立するのか、それとも他の価値に仕えうるのか、ということは、科学の意義を考える上で重要な問題を含んでいる。

「職業としての学問」の中でヴェーバーは、科学の意義をその進歩との関連で問題としている。科学上の業績は、後の業績によって乗り越えられ、否定されるという運命にある。いやそれだけではなく、科学はそれを「みずから欲するのである」(「学問」S. 534, 三〇頁)、と彼は述べている。しかもこの進歩は無限に続くものである。終りのない過程の中で、いつかは乗り越えられることを前提とする仕事——科学とはそういうものだ、と言うのである。そのような科学にどのような意義を見出すことができるのか。

これに対する一つの答えは、トルストイに見られる。彼は端的にそれを無意義な存在だとみなす。なぜなら、文明人にとっては、死が無意味な出来事だからである。「そしてそれが無意味な出来事でしかないからして、その無意味な『進歩性』のゆえに死をも無意味ならしめている文化的な生そのものも、無意味とならざるをえないのである」(S. 537. 三五頁)。

自己目的化した科学、「科学のための科学」という立場によっては、この呪われた運命から逃れることはできない。そこから科学を救い出すためには、何らかの他の係留点が必要である。だがそれは、科学が純粋な技術学になることでもないであろう。われわれの実生活に対する科学の意義として、まず第一に技術についての知識を挙げていることからも分かるように(S. 549. 六一頁)、ヴェーバーが科学の技術的・道具的な意義を重視していることは確かである。しかし、「職業としての学問」において、繰り返し科学の意義を問うていることは、彼が技術的・道具的な意義だけで十分だとは考えていなかった、ということを意味している。そして、科学の最後の寄与として、「明晰さ」に導き、道徳的(ないし人倫的)価値に奉仕することが挙げられているということは、彼が科学の究極の意義をここに見出していた、ということを示唆していると解しうるのである。

だがそれは、道徳(人倫)や政治といった価値を所与のものとして前提することではない。科学が価値判断に関してなしうる最後のこととして、行為の究極の意味を明らかにし、それを受け入れるかどうかの選択を迫る、ということが挙げられていた。これは、科学それ自身にも適用しうることだと考えられる。科学自身も、みずからが仕える価値をみずからの責任において選び取ることができる。また、できなければならないのではないか。そのことによって科学は、自己目的化によっては克服しえない意味喪失という呪われた運命からも、単なる技術学へと堕することからも救われるのではないだろうか。

ことわっておくが、ヴェーバー自身がこのように主張している、と言っているのではない。これはあくまで、彼の議論――しかもその一面――から導き出しうる可能性に過ぎない。また、そのことによって、科学が意味喪失という呪われた運命から完全に救われることになるのかどうか、という点においても議論の余地は残る。だが、ヴェーバーの議論の内にこのような可能性を見出すことは、ヴェーバー解釈の上でも、現在における科学のあり方を考える上でも、決して無意味なことではないと思われる。

注

（1）浜井はこのような「緊張」こそがヴェーバー思想の特徴だとしている（『ヴェーバーの社会哲学』九頁以下）。

（2）拙稿、「ウェーバーにおける科学と合理性」『大谷學報』七四―三、一九九五年、（本書第3章）参照。

（3）また、「倫理的な命令と『文化価値』と……の同一視は、拒否されるべきである。……いずれにせよ、この二つの領域は同一ではない」（「価値自由」S. 466, 五二頁）。

（4）また、嘉目は、「神々の闘争」の解釈という文脈においてではないが、ヴェーバーが「有り得べき『最高の生の諸価値』として、少なくとも魂ないし生の内面、倫理、宗教、文化、そして人倫の五つの諸価値領域を問題にしている」という解釈を示している（『マックス・ヴェーバーの批判理論』一四一頁）。だが、このような価値領域の区分がヴェーバーにおいて一貫しているかどうか、ということは必ずしも明らかではないように思う。少なくとも、「神々の闘争」に関する議論においては、このような五つの諸価値領域を特に区別するという視点は見られない。

（5）山之内は、Gesinnungsethik を「信条倫理」と訳すべきだ、という見解を示している（『ニーチェとヴェーバー』八二―八三頁）。だが、「心情」の方が適切ではないかと思われる箇所もあるため、本章では「信条（心情）倫理」とする。

（6） その他にも、「正義の要請」の帰結（「価値自由」S. 467, 五三-五四頁）や、山上の垂訓の倫理と世俗的倫理（男子の体面）との対立（「学問」S. 546, 五五-五六頁）などの例を彼は挙げている。
（7） またそれは、「明晰さ」のもう一つの意味でもある（「学問」S. 549, 六二頁参照）。

参考文献

Habermas, J., *Theorie des kommunikativen Handelns*, Suhrkamp. 2. Aufl. 1982. Bd1.（ユルゲン・ハーバーマス、河上倫逸・M・フーブリヒト・平井俊彦訳『コミュニケイション的行為の理論』（上）未來社、一九八五年。）

浜井修『ウェーバーの社会哲学』、東京大学出版会、一九八二年。

小倉志祥『M・ウェーバーにおける科学と倫理』、清水弘文堂、一九七一年。

Schluchter, W., *Rationalismus der Weltbeherrschung*, Suhrkamp. 1980.（ヴォルフガング・シュルフター、米沢和彦・嘉目克彦訳『現世支配の合理主義』、未來社、一九八四年。）

ヴォルフガング・シュルフター、河上倫逸編・訳『ヴェーバーの再検討』、風行社、一九九〇年。

山之内靖『ニーチェとヴェーバー』、未來社、一九九三年。

嘉目克彦『マックス・ヴェーバーの批判理論』、恒星社厚生閣、一九九四年。

第5章　ヴェーバーにおける普遍性の問題

はじめに

『宗教社会学論集』序言におけるヴェーバーの次の言葉は、よく知られている。「近代ヨーロッパの文化世界に生を享けた者が普遍史的な（universalgeschichtlich）諸問題を取扱おうとするばあい」彼は必然的に、「いったい、どのような諸事情の連鎖が存在したために、他ならぬ西洋という地盤において、またそこにおいてのみ、普遍的な意義と妥当性（universelle Bedeutung und Gültigkeit）をもつような発展傾向をとる文化的諸現象が姿を現すことになったのか」という問題の立て方をするであろう（「序言」S.1, 五頁）。

「普遍的な意義と妥当性」を持つ文化現象としてまず挙げられているのは、科学である。「今日、われわれが『妥当的』だと認めるような発展段階にまで到達している『科学』なるものは西洋だけにしか存在しない」（同）。そしてその後に、芸術、官僚組織、国家、さらに、「近代西洋においてわれわれの生活を支配しつつあるもっとも運命的な力」（S.4. 九頁）である資本主義が挙げられる。

西洋においてのみ出現しえた現象に普遍性を認めることは、西洋中心主義的な思考の表れとも思える。だが、合理化・合理主義の多様性を強調し、また、価値の多神教の立場に立つヴェーバーが、単純な西洋中心主義を表明するとも考えにくい。

嘉目は、「ヴェーバーの『文化の普遍史』と文化の比較研究は、『生の合理的規制』による文化的生と文化的世界の創造という『普遍的』現象を踏まえ、多様な文化圏のそれぞれにおいていかなる『生の力』がその文化圏を支配したかというテーマを追求するものである」という解釈を示している（「文化の普遍史と現代」一〇二頁）。

だが、ヴェーバーが問題としているのは、「多様な文化圏」ではなく、西洋においてのみそのような現象が生じえたということ、言い換えれば「西洋文化のおびている独特な『合理主義』」（「序言」S.11. 二二頁）である。嘉目のように多様な文化圏において追求されるテーマであるから「普遍的」だ、という解釈はとれないであろう。

これに対してシュルフターは、「普遍史」と「普遍史的問題」とを区別しつつ、次のように言う。西洋近代の合理主義は「現世支配の合理主義」と特徴付けられるものである。そして「現世支配の合理主義はわれわれの観点なのであって、この観点からわれわれはいわば探照灯を手にして世界史の一端を照らし出すのであり、現世支配の合理主義はわれわれに対して、持続性がわれわれにとって重要である限り、正しさの要求をもつのである」（『近代合理主義の成立』S.36-37. 四〇頁）。つまり、「現世支配の合理主義」は特殊西洋的な歴史の産物であり、普遍史ではない、ということである。だが、「近代西洋の文化はしかし同時にすべての文化人（Kulturmensch）の関心を引くような性質をもつ。というのも、近代西洋の文化は歴史的には未知の、文化人の新しい解釈をもたらしたからである。これは近代西洋の文化をたんに一箇の特殊現象たらしめるだけではなく、その文化に特殊な地位を与えるものである。そしてそうであるがゆえに、近代西洋の文化は一箇の普遍史的な問題を設定するのであるし、普遍的な意義と妥当性をもつのである」（S. 37, 四〇‐四一頁）。

近代西洋に固有の現象ではあるが、それを超えてすべての「文化人」に突きつけられた問題であるから「普遍的」だ、ということであろう。これは、「近代西洋の合理主義の特殊な文化的業績」を「現世の脱呪術化」だとするところから出てくる解釈のようである（S. 35, 三八頁）。だが、脱呪術化された、「神々の闘争」という状況下での「文化人」のありようという問題は、科学、芸術など、「序言」でヴェーバー自身が挙げている現象とは、そのまま一致するものではない。

また、矢野のように、同時代の人々が近代西洋の文化現象を普遍的だと「考えたがる」ことに対して、ヴェーバーが「留保をつけようとしている」のだ、という解釈もある（『マックス・ヴェーバーの方法論的合理主義』二〇四頁）。

ヴェーバーは、ここで普遍史や普遍性の概念を明確に説明しているわけではない。それゆえ、「序言」のこの箇所の解釈は、彼の合理性や合理主義の概念をどう解釈するかに応じて大きく異なってくるのである。この論考では、まず「普遍性」という語に注目するところから考察を始めてみたい。

1　普遍性と個別性

「客観性」論文および「文化科学の論理学の領域における批判的研究」（以下では「批判的研究」と略記する）という比較的早い時期の方法論的著作においてヴェーバーは、一般性・普遍性と個別性との関連について論じている。

「客観性」論文は、「価値自由（Wertfreiheit）」の主張で知られているが、そこではまた、社会科学あるいは文化科学の「価値関係性」も重要な論点となっている。現実は無限に多様であり、それゆえ現実を「あるがままに」認識することはできない。社会科学的、文化科学的認識には、「価値理念」に基づく指導的観点が必要であり、それゆえその認識は「一面的」であらざるをえない。

このようなヴェーバーの主張は、すでによく知られたものであり、これ以上説明の必要はないであろう。この論考において注目したいのは、法則論的認識との関係である。

「社会科学的関心の出発点は紛れもなく、われわれを取り囲む社会的文化生活の現実に、それゆえ個性的に（individuell）、形成された姿である」（「客観性」S. 172, 七七頁）。認識の対象となるのは、「個性的な」現象、事実である。それは、「現実性はもっぱら具体的なもの（das Konkrete）、個性的なもの（das Individuelle）にのみ帰属する」からである（「批判的研究」S. 230, 一二四頁）。そして、「もっぱら、個性的実在の一部分のみが、われわれが当の実在に接近するさいの文化価値理念に関係しているがゆえに、われわれの関心を引き、われわれにたいして意義をもつ」のである（「客観性」S. 178, 八七頁）。

ここには、抽象的なものを排し、具体的なもの、個別的なものに価値を置く歴史主義的な思考が色濃く表れている(1)。この立場は、普遍的な法則の認識が科学の目的であるとする、自然科学的あるいは実証科学的な立場とは対立する。認識の対象は、法則でも、できるだけ多くの現象に共通のものでもない。

「もとより、意義あるものは、それ自体としてなんら法則そのものとは一致せず、しかも、当の法則が、普遍妥当的（allgemeingültig）となればなるほど、そうである。というのも、実在のある構成部分が、われわれにたいしてもつ特定の意義は、もとより、その部分ができるかぎり多くの他の部分と共通する関係のうちに、見いだされるわけではけっしてない。」（S. 176, 八三–八四頁）

「精密自然科学にとっては、『法則』が普遍妥当的であればあるほど、それだけ重要であり、価値も高い。ところが、歴史的現象をその具体的な前提において認識しようとする研究にとっては、もっとも一般的な（allgemeinst）法則は、その内容がもっとも希薄であるから、通例もっとも価値に乏しい。というのも、ある類概念の妥当――その範囲――が広汎にわたればわたるほど、それはわれわれを、現実の豊かさから遠ざける。じっさい、類概念が、できるだけ多くの現象に共通なものを含むためには、それは、できるかぎり抽象的な、したがって内容に乏しいものでなければならない。文化科学においては、一般法則的なもの（das Generelle）の認識は、われわれにとり、けっしてそれ自体として価値のあるものではない」（S. 179–180, 九一頁）。

もっとも、法則的知識がまったく無意味というわけではなく、個性的現実を認識するための手段として役立ちうる、とされるのだが、ここではこれ以上方法論そのものに立ち入る必要はない。

さて、ヴェーバーはわれわれの学問的関心を引く、個性的な実在が持つ意義を「客観性」論文では「文化意義（Kulturbedeutung）」と呼んでいる。社会科学は、「文化科学」である。「文化科学」とは、「生活現象をその文化意義において認識しようとする」（S. 175. 八二頁）学問である。

経験科学が行うのは、思考による実在の秩序付けであるが、それには二つの方法がある。一つは、価値理念によって「色彩づけられた実在の構成要素を、その文化意義という観点のもとに抽出し、秩序づける」方法であり、もう一つは、「当の実在を分析して法則に下属させ、一般法則的な（generell）概念のなかに秩序づける」ものである（S. 176. 八四頁）。前者が文化科学を、後者が自然科学（およびそれをモデルとする実証科学）を意味することは明らかであろう。

「批判的研究」の中でヴェーバーは、歴史的個体の意義は、因果的意義からは区別されなければならない、とした後で、次のように述べている。「一般的＝普遍的（allgemein＝universell）意義をもつ〝価値〟は一般的＝一般法則的（allgemein＝generell）概念であるという考え方は奇妙である……」（「批判的研究」S. 254. 一五七頁）。

一般的あるいは普遍的と訳される語として、ヴェーバーは、allgemein、generell、universell の三つを使用している。この内 generell は、法則的な一般性・普遍性、あるいは多くの現象における共通性を意味している。また、allgemein は、generell および universell の上位概念であり、両者に代置しうる語として用いられている。(2)

universell という語は、それほど多く使われているわけではないが、極めて特徴的な使い方がされている。先ほど引用した「社会科学的関心の出発点は紛れもなく、われわれを取り囲む社会的文化生活の現実に、それゆえ個性的に（individuell）、形成された姿である」という箇所に続いて、「社会科学は、この姿の、普遍的な（universell）、しかしだからといって個性的に形成されていることにはもとよりいささかも変わりのない連関と、それが、他の、もちろんこれまた個性的性質をそなえた社会的文化状態から生成されてきた経緯とを、究明する」（「客観性」S. 172, 七七頁）という言葉がある。つまり、個性的であること（個別性）と普遍的であること（普遍性）とは矛盾しない、ということである。

「批判的研究」において彼は、「意義ある（bedeutungsvoll）」という言葉の意味を分析し、それを三つに区分している。第一は、「認識手段」としての意義、第二は、「一つの歴史的連関の因果的構成要素」としての意義（「因果的意義」）である。そして、第三にこのような意義を凌駕する最高の意義が存在する（「批判的研究」S. 244-245, 一四三－一四五頁）。これは、「因果的意義」とは区別されなければならない「多かれ少なかれ普遍的な（universell）意義」だとされる（S. 253, 一五六頁）。

「一般的＝普遍的意義」とは、「客観性」論文における「文化意義」と同義と考えられるが、それは、個性的な現象の持つ意義である(3)。つまり、ヴェーバーは、個性的なものこそが「普遍的な」意義を持つのだ、と主張しているのである。そして、この意義は、「可能的価値諸関係に即した対象の、……内容であり、……歴史的個体に向けられた我々の関心の内容である」と説明されている（S. 253, 一五七頁）。

だが、「価値諸関係による把握は歴史的変化に服する」（S. 261, 一七〇頁）。「価値理念」の主観性および意義の歴史的変化には、「客観性」論文でも言及されている。文化科学は、事実判断という面においては、「客観性」を持ちうるのであるが、「意義」の面では、「文化の性格、ならびに人間を支配する思想そのものとともに、歴史的に変遷をとげる」（「客観性」S. 183, 九九頁）。

文化的あるいは歴史的現象については、一般性・共通性のある現象ではなく、個性的なものにこそ意義がある、という考えは理解できるものである。（もっとも、「関心」のありようによっては、共通のもの、一般的なものに意義を見出すこともありうるだろうが。）だが、「主観的な」価値理念に導かれ、歴史的に変化する意義をなぜ「普遍的」と言いうるのだろうか。[4]「客観性」論文にしても「批判的研究」にしても、この点に関しては、それ以上の議論はなされていない。個別的なものに（こそ）普遍的な意義がある、という主張はされているが、なぜ普遍的でありうるのかについての説得力ある説明はなされていないのである。

2　普遍性と合理性

個性的なものが普遍的な意義を持つ、という見方は、「序言」における、西洋においてのみ出現しえた現象が普遍的な意義と妥当性を持つ、という見方に通じるもののように思われる。

「われわれにとって、文化の普遍史（的考察）（Universalgeschichte der Kultur）における中心問題は、純粋に経済だけをとってみたばあい、……到るところに見られる資本主義的活動そのものの展開といったことではなくて、むしろ、自由な労働の合理的組織をもつ市民的な経営資本主義の成立という事実だということになる」（「序言」S.10. 一九頁）。なぜなら、この資本主義は、西洋以外には、「世界中のどこにも発展することのなかったような種類の資本主義」（S.7. 一五頁）だからである。

だが、個性的な現象だけに意義がある、という見方は、論理的には、いかなる文化に対しても成り立ちうるものである。西洋においてのみ成立したものだけではなく、他の文化圏における個性的現象も、ある「認識関心」、ある「価値理念」からすれば、当然意義のあるものとなりうる。少なくとも、「客観性」論文や

「批判的研究」における議論は、このような解釈を許すものである。

しかし、「序言」においては、西洋においてのみ、普遍的な意義と妥当性を持つ現象が現れえた、と述べられている。「序言」が書かれたのは、「客観性」論文や「批判的研究」から十五年近く経ってからである。この間にヴェーバーの考えに変化が生じた、ということであろうか。

「序言」では、普遍的な意義と妥当性を持つとされる事例について、「結局のところ、問題になっているのは明らかに西洋文化のおびている独特な『合理主義』である」とされる（S. 11, 二二頁）。他文化圏では見られない「合理主義の独自な特性」（S. 12, 二三頁）こそが問題なのである。「どうして、中国やインドでは科学も芸術も国家も経済も、総じて、西洋の特色をなしている合理化の軌道にそって発展することがなかったのであろうか」（S. 11, 二二頁）。

ヴェーバーは、「倫理」論文以来、合理性、合理主義、合理化の多様性を強調してきた。「合理化と一口に言っても、あらゆる文化圏にわたって、生の領域がさまざまに異なるに応じてきわめて多種多様の合理化が存在した」（S. 11-12, 二二-二三頁）。だが、西洋独自の合理化だけが、普遍的な意義を持つ文化現象を生み出しえたのである。それは、西洋（近代）の合理性、合理主義だけが普遍性を持つからだ、と解釈できるであろう。

しかし、西洋の「合理主義の独自な特性」がどのようなものかについて、彼は端的には述べていない。それを明らかにするためには、回り道が必要となる。

3　主観的な合理性と客観的な合理性——目的合理性と整合合理性

ヴェーバーは、「社会学の根本概念」の中で、社会学を次のように性格付けている。「社会学は、類型概念（Typen-Begriff）を構成し、現象の一般法則的規則（generelle Regeln）を求めるものである。この点、文化的に重要な個々の行為、集団、人物の因果的な分析や帰属を追求する歴史学とは異なる」（「根本概念」S.9.三一–三二頁）。そして「すべて一般化を行う科学に見られるように、社会学の諸概念は、その抽象性のゆえに、歴史の具体的現実に比べて、内容の乏しいものにならざるを得ない」（S.9.三二頁）。「客観性」論文や「批判的研究」における「個性的なもの」の強調と比較すれば、ヴェーバーの思想的立場がいかに変化したかがよく分かるであろう。この時期には彼は、歴史主義から完全に離れてしまったと考えてよい。

この変化と関連するものとして注目すべきは、主観的な合理性と客観的な合理性との区別である。「客観性」論文においても、経験科学は与えられた目的に対する手段の適合性を考察することができる、と述べられてはいる。「われわれは、（われわれの知識の、そのときどきの限界内で）いかなる手段が、ある考えられた目的を達成するのに適しているか、それとも適していないか、ある妥当性をもって確定することができる」（「客観性」S.149.三一頁）。

だがここで問題とされているのが適合性についての主観的な考察なのか、それとも「客観的な」妥当性なのか、ということは、必ずしも明確ではない。というよりも、両者を区別する視点そのものが存在していないのである。

これに対して、ほぼ十年後に発表された「理解社会学のカテゴリー」では、主観的な「目的合理性（Zweckrationalität）」と客観的な「整合合理性（Richtigkeitsrationalität）」が明確に区別される。「主観的に目的合理的に行われる行為と、客観的に『妥当なもの』を基準にして『整合的に（正しく）（richtig）』行われる『整合合理的』行為とは、それ自体としてはまったく別種のものである」（「理解」S. 409, 二二頁）。ここでヴェーバーは、呪術的な諸観念を例にとりながら、行為者自身にとっては最高度に目的合理的に行われている行為が、研究者にとっては、「まったく妥当でない前提を基準に」したものでありうる、と述べている。また逆に、整合合理的な行為が常に目的合理的になされているというわけでもない（S. 411-412, 二七頁）。だから、「一見直接に目的合理的に生み出されたように見える諸現象が、実はまったく非合理的な動機によって歴史的に創出され、そしてその後で、生活諸条件の変化がそれらに対して高度の技術的『整合合理性』を附与したために、『適合的』なものとして生き残り、また時には普遍的に（universell）広まった」というようなことが生じる（S. 411, 二五頁）。

「整合合理性」は、客観的な合理性なのだから、それこそが普遍性をもつ合理性だ、と解釈してもよさそうである。だが、「理解社会学のカテゴリー」では、この合理性の基準についてはほとんど触れられていない。「妥当な経験に従ったら抱かれたであろう期待」（S. 408, 二〇頁）だとか、「ある行為の整合合理性の程度は、結局のところ、経験科学にとっては、一つの経験的な問題である」（S. 413, 三〇頁）といった漠然とした言い方がされているだけである。

4　手段的・技術的合理性

一九一七年に発表された「社会学・経済学の『価値自由』の意味」（以下、「価値自由」と略記）では、主観的な合理性と客観的な合理性の問題がより詳しく論じられている。

「主観的に『合理的な』ふるまいだといっても、合理的に『正しい（richtig）』――すなわち客観的に・科学的な認識にしたがって・正しい諸手段を使用する――行為と、一致するものではない。……それゆえに、行為の主観的合理化の進行はまた客観的にも、かならずしも合理的に『正しい』行為への方向における『進歩』だとはかぎらないのである」（「価値自由」S. 487-488, 九七頁）。

ここで主観的な合理性と対比されている、「合理的に正しい（rational richtig）行為」が、「理解社会学」における「整合合理的」な（richtigkeitsrational）行為に当たるということは、文脈からも、同じ richtig という語が用いられていることからも明白であろう。

ヴェーバーが当該箇所で問題としているのは、「合理的進歩」という概念である。そこで彼は、「たんなる分化する『進行』という意味での『進歩』」、「諸手段の進行する技術的合理性という意味での『進歩』」、「価値増加の意味での『進歩』」という三つの意味を区別している（同）。この内、「客観的に正しい」と言いうるのは、第二の技術的意味における進歩だとされる。「一義的にあたえられた目的のもとにあっては、諸手段における『技術的な』正しさ（Richtigkeit）と諸手段における『技術的な』進歩との一義的に確定しうる諸概念が、存在する」（S. 488-489, 九九頁）。とすれば、技術的合理性こそが、近代西洋に独自の、普遍的な合理性だということになるであろう。

さらに「価値自由」では、「序言」と類似した問題提起がなされている。「われわれ欧米人の社会生活や経済生活は、独特の仕方において、また独特の意味において、『合理化されて』いる。それゆえに、このような合理化を説明すること、および、この合理化にふさわしい諸概念を形成することは、われわれの諸学科の主要課題の一つである」(S. 487. 九七頁)。

この「独特の合理化」について、音楽に関連して次のように述べられている。「音楽史の中心問題は、近代ヨーロッパ人の関心(『価値関係性』!)の立場にとっては、つぎのようなものであろう。すなわち、ただ、ヨーロッパにおいて、しかも一定の時期において、――このほかのところではいたるところで音楽の合理化が他のしかもたいていは正反対の道をとったのに反して――、和声音楽が、ほとんどいたるところで民俗的に展開した多声音楽から展開されたのは、なぜであるか」(S. 483. 八九頁)。

ここで重要なのは、三度によって構成される三和音、和音的半音階法、および近代音楽リズム法(強拍部と弱拍部)の成立だとされている。興味深いのは、「序言」の中でもほぼ同じことが述べられていることである(「序言」S. 2. 七頁)。「価値自由」では、普遍史的問題とか普遍的な意義や妥当性といった言葉は使われていないが、問題となっている事柄は「序言」と同じだ、と考えてよいであろう。

5　形式合理性

「価値自由」における客観的な技術的合理性の概念は、ヴェーバー最後の著作『経済と社会』中の「経済行為の社会学的基礎範疇」（以下では「経済行為」と略記する。）における「形式合理性」に近い概念である。

経済行為の「形式合理性（formale Rationalität）」とは、「その経済行為にとって技術的に可能でもありまた現実に経済行為に適用されてもいる計算の度合い」のことである（「経済行為」S. 44, 三三〇頁）。この規定の仕方からは、形式合理性とは計算するという行為の属性だ、ととれる。

だが、一方でヴェーバーは、「貨幣という形態が最大の形式的な計算可能性を示す」とも述べている（S. 45, 三三一頁）。「貨幣は、これを純粋技術的な観点から見た場合、『完全無欠』な経済計算の手段、すなわち、経済行為の指向における形式的にもっとも合理的な手段である」（S. 45, 三三二頁）。この場合には、行為そのものではなく、計算を可能にする手段（＝貨幣）の属性が、形式合理性だということになる。

もっとも、「技術的に可能なかぎり適合的な方法をもちいることによって目的合理的に計算されている」（S. 45, 三三一頁）という言い方もしており、ここでは、行為の合理性と手段の合理性とが結びついて形式合理性を形成する、という意味にとれる。だが、主観的な目的合理性と客観的な合理性との区別に関するこれまでの議論を踏まえれば、厳密に計算しようとする主観的な態度よりもそのような計算を可能とする手段の方に重点が置かれている、と解釈してもいいであろう。

このように解釈するならば、形式合理性は、「価値自由」における客観的な合理性よりも手段的により優れた合理性を意味することになる。というのは、後者は、「一義的な目的」が与えられた場合に、それにもっとも適合的である手段を選ぶことができる、ということであるのに対して、形式合理性は目的にかかわらず利用可能な手段を意味しうるからである。

経済的行為の「実質合理性（materiale Rationalität）」という概念は、「一定の価値評価の公準」に基づいて経済活動を行ったり、あるいはそれを評価したりすることである。そして、「この価値評価の公準は高度に多義的である」とされる（S. 45, 三三〇頁）。これは、経済活動がさまざまな価値に基づいて、さまざまな方向性を持って行われうる、ということを意味する。そして、その活動がどのように方向付けられようとも、「計算」とそれを可能にする「貨幣」とは、経済活動にもっとも適した手段なのである。

このように見てくれば、「序言」における「普遍的な意義と妥当性」を持つ文化現象とは、技術的合理性や形式合理性など、「客観的」でもっとも「合理的な」手段を意味するということになるであろう。[5] たしかに、このような手段は西洋以外の諸地域・諸文化においても有効であろう。その意味で、これらの現象に普遍性を認めることは、理解しやすいことである。

手段的・技術的合理性や形式合理性を普遍的だと考えることは、「客観性」論文や「批判的研究」における個性的現象に普遍的意義がある、という主張とは明らかに異なっている。なぜならば、後者では、個別性・個性性にこそ普遍性を見出しているのであるが、前者では、それが汎文化的に妥当するということが普遍性の規準となっているからである。そして、前者の場合、それが「独特」である、とされるのは、その合理性そのものの性質によってではなく、それが西洋においてのみ成立しえたからだ、ということになる。歴史主義から離れたことに伴って、普遍性の捉え方にも変化が生じた、ということであろう。

ところで、手段的・技術的合理性を西洋に独特の合理性と考える場合、いくつかの補足が必要である。

まず第一に、合理化される領域の問題がある。それは、「どのような分野でどの方向に向かって」（「序言」S. 12, 二三頁）合理化が行われるかが、文化史的に重要な意味を持つからである。技術は生のどのような領域にも存在する。呪術的な技術もあれば、性愛の技術もある。ヴェーバーが宗教社会学的考察で強調していることは、プロテスタントの世俗内禁欲に見られるような「世俗の合理化」が、西洋においてのみ起こりえた、ということである。言い換えれば、西洋においてのみ、経済を基盤とする世俗的世界が合理化されたのである。

また、手段的・技術的合理性は、実践的な試行錯誤の内から生まれてくるのでもない。「経済行為」の中で、ヴェーバーは、「技術」について次のように述べている。行為の技術とは、「その行為に用いられた手段の総体」であり、「その行為が究極的に指向している意味とか目的」とは無縁なものである。「『合理的な』技術とは、経験と熟慮に意識的かつ計画的に指向している手段の使用ということ」である。そして、「そのような合理性の最高の形態が科学的思考といわれているものにほかならない」（「経済行為」S. 32, 三〇四頁）。

この箇所は、手段的・技術的合理性の延長線上に科学の合理性が位置付けられる、という意味にも解釈できる。だが、むしろ科学の合理性が手段的・技術的合理性を基礎付ける、と考えるべきであろう。「価値自由」では、「科学的な認識にしたがって・正しい諸手段を使用する」ことが、客観的な合理性の特徴とされていた。ある目的にとって「客観的に」最適な手段を決定することは、ある原因からある結果が生じるという因果命題の「転倒」に他ならない、とヴェーバーは考えている（「価値自由」S. 488, 九九頁）。そうであれば、手段的・技術的合理性は、発達した科学の合理性を前提とせざるをえないことになる。

「序言」では、科学が普遍的な意義と妥当性を持つ現象の一つとして挙げられていた。だが、手段的・技術的合理性が西洋に「独特の合理主義」であるとすれば、それを基礎付ける西洋科学の合理性もまた、この「独特の合理主義」の中心的な構成部分と考えなければならない。

このように考えるならば、科学に基礎を置いた、世俗的世界の手段的・技術的合理化、これこそが「西洋になる。

に独特の合理主義」の意味だということになり、それが「普遍的な意義と妥当性」を持つのだ、ということ

6　手段的・技術的合理性の限界

しかしながら、ヴェーバーはこのような手段的・技術的合理性を問題なく普遍的なものとみなしているわけではない。

「価値自由」の中で、彼は次のように言う。ある範囲の中で「技術的評価の一義性を確定したとしても、究極的『評価』の一義性というようなものは、もちろん、えられないであろう」。むしろ、そこから、「ありうる諸評価のかぎりない多種多様さの錯綜がはじまる」（S. 491-492, 一〇五頁）[6]。

ヴェーバーはここで次のような事例を挙げている。

まず、「人間にとっては、行為の主観的合理性の増加と行為の客観的・技術的『正しさ』の増加とがそれじしん一定の限界をこえれば——それどころか特定の見方からすればまったく一般法則的に（generell）——、重要な（たとえば倫理的にあるいは宗教的に重要な）財をそこなうものだと見なされうるのである」（S. 492, 一〇五頁）。ここで問題とされているのは、すでに「倫理」論文でも強調されていた、合理主義・合理性概念の多様性である。

さらに、より容易に理解できることとして、次のことが挙げられる。

「どのように疑念の余地なく『技術的に正しい』経済的な合理化であっても、この合理化が、その属性そ

れだけによってではまだ評価（Bewertung）の裁きの前で正当と認められているのではけっしてないのだ」、ということである（S. 492, 一〇六頁）。つまり、手段としての適切性（技術的な正しさ）というのは、それだけでは、行為の究極的な評価ではないということである。そして、このことは、すでに「客観性」論文で詳細に論じられていたことである。

そこでヴェーバーは、経験科学は価値判断を行うものではないと主張しつつ、だが、科学が理想や価値判断を扱えないわけではない、と述べている。そして、「理想や価値判断に関する科学的批判」として、次のことを挙げている（「客観性」S. 149-151, 三〇-三五頁）。

（1）目的に対する手段の適合性。

（2）目的外の随伴的結果の確定、および「意欲された結果」と「意欲されなかった結果」との相互秤量。このことは「技術的批判の、もっとも本質的な機能のひとつ」だとされる。だが、「この秤量自体に決着をつけることは」経験科学には不可能である。それは「意欲する人間の課題」なのである。

そして、これ以降は経験科学ではなく、社会哲学の課題だとされるのであるが、

（3）意欲されたものの意義に関する知識、言い換えれば、具体的な目的の根底にある、あるいはありうる「理念」を自覚させること。

（4）意欲された目的とその根底にある理想との「批判的評価」。もっとも、この「評価」は、論理的な一貫性、無矛盾性という基準による「形式論理的な」評価である。「具体的な価値判断に表明されるこの究極の価値規準を意識させることは、……価値判断の科学的取り扱いが、思弁の領域に踏み込まずになしうる最後のことである」（S. 151, 三五頁）。「価値の妥当を評価する」ことは、「信仰の問題」

あるいは、「生と世界の意味を索める思弁的な考察と解釈の課題」であり、「経験科学の対象ではけっしてない」（S. 152, 三七頁）。

つまり、こういうことになる。ある目的を達成するための最適の手段が科学によって決定しうるとしても、それに伴って、望まざる結果が生じる。このどちらを取るべきか、つまり、目的達成を選ぶのか、それとも望まない結果を避けることを選ぶのか、それは、科学によっては決定できない。さらに、具体的な目的の背後には、究極の価値規準が存在するのであるが、その価値そのものの評価も科学はなしえない。それは、その目的の究極的な「価値」を科学は決定しえないということを意味する。

「価値自由」の中でも、科学がなしうることとして、ほぼ同様のことが挙げられ、続いて次のように言われる。「目的が不可避的な手段をどの程度まで正当化すべきか」という問題、「望まれていない副次的結果がどの程度まで甘受されるべきか」という問題、さらに、「具体的に対立し望まれまた為されるべき二つ三つの目的のあいだの衝突がどのようにして調整されうるのか」という問題、こうした問題は、「選択や妥協のことがら」であり、「ここには、決定をあたえうるであろうような何らかの種類の（合理的なあるいは経験的な）科学的なやり方は、存在しない」（「価値自由」S. 470, 六一-六二頁）。「客観性」論文にはなかった論点として、目的による手段の正当化という問題がここでは扱われている。

目的による手段の正当化の問題は、「職業としての学問」の中でも取り上げられているが、それが最も具体的に論じられているのは、「職業としての政治」においてである。

そこでヴェーバーは、「『善い』目的を達成するには、まずたいていは、道徳的にいかがわしい手段、少なくとも危険な手段を用いなければならず、悪い副作用の可能性や蓋然性まで覚悟してかからなければならないという事実」を指摘する（「政治」S. 552, 九〇-九一頁）。「政治にとって決定的な手段は暴力」であり（S. 552, 九一頁）、政治に関わるものは、「すべての暴力の中に身を潜めている悪魔の力と関係を結ぶのである」（S. 557, 九九-一〇〇頁）。

そして、「かりにわれわれが、目的は手段を神聖化するという原理一般をなんらかの形で認めたとしても、具体的にどのような目的がどのような手段を神聖化できるか、を倫理的に決定することは不可能である」（S. 553, 九二-九三頁）。

ある目的に対してもっとも適合的な手段を選択しうるとしても、その手段的・技術的合理性は、その手段の倫理的あるいは価値的な意義を決定することまではできないのである。こうしたことを決定するのは、経験科学ではなく、（あるいは哲学的学科を含めた学問でもなく）具体的な人間の意欲である。それゆえ、そこに「神々の闘争」あるいは「神と悪魔の闘争」が現れることになる。

そうであれば、手段的・技術的合理性は、極めて限定的な合理性だ、ということになる。ヴェーバーがこの合理性を普遍的なものだと考えていたとしても、彼は同時に、その限定性をも十分に認識していた、と考えなければならないであろう。

このことはまた、彼の科学に対する態度とも関連しているように思われる。ヴェーバーは決して「科学万能主義者」ではない。彼は、その科学論において、科学がなしうることとなしえないこととを明確に区別しようとしている。講壇社会主義批判という時代的要請のせいもあるのだろうが、読み方によっては、科学がなしえないことを明らかにすることにこそ力を注いでいるようにも思える。少なくとも、（経験）科学が価値判断をなしえない、ということは彼が主張し続けたことである。これは、科学の合理性がやはり、限定的なものでしかありえない、ということをヴェーバーが明瞭に認識していた、ということを意味するであろう。そして、それはまた、文化の領域における「普遍性」は限定的なものでしかありえない、ということ、換言すれば、そこでは「絶対的な普遍性」など存在しえない、ということを意味することになろう。

注

(1) 歴史主義については、K・マンハイム、徳永恂訳『歴史主義』、未來社、一九七〇年、C・アントーニ、讃井鉄男訳『歴史主義から社会学へ』、未來社、一九五九年、同、新井慎一訳『歴史主義』、創文社、一九七三年を参照のこと。

(2) 従来の邦訳では、これらの語は訳し分けられてはいない。本章では、allgemeinを「一般的」、universellを「普遍的」、generellを「一般法則的」と訳しておく。

(3) 向井は、「客観性」論文における「文化意義」概念の曖昧さを指摘し、「批判的研究」では、それに代えて「因果的意義」という語が使用されるようになり、「文化意義の認識も因果的認識の一つであることが自覚される」のだ、と述べている(『マックス・ウェーバーの科学論』二三七-二三八頁)。だが、歴史的個体の「文化意義」という場合には、「因果的意義」とは区別される「普遍的な意義」に当たるであろう。

(4) また、次のような箇所もある。「文化的実在の認識はすべて、……つねに特殊化された固有の観点のもとになされる認識である。われわれが、歴史家や社会の研究者に、基本的前提として、重要なものと重要でないものとを区別することができ、そうした区別に必要な『観点』を所持していることを要請するのも、ただ、かれが、実在の事象を――意識してか無意識裡にか――普遍的な(universell)『文化価値』に関係づけ、これを規準として、われわれにとって意義をもつような、そうした連関を取り出すすべを心得ていなければならない、という意味である」(「客観性」S. 181, 九四頁)。ここでは、「主観的」とされる「価値」に「普遍的」という形容詞がつけられている。とすれば、「主観的」であることと「普遍的」であることとも矛盾しない、ということになる。

（5）ブラベイカーは、形式合理性が「独特の合理性」だと解釈しているが（*The Limits of Rationality*, p. 30）、形式合理性だけではなく、手段的・技術的合理性もそれに当たると考えるべきであろう。
（6）ブラベイカーは、技術的評価と経済的評価との食い違いという例を挙げながら、このことを説明している。つまり、技術的に最適な手段であっても、経済的なコストという点からは、最も適合的とは言い難いという場合も十分ありうる、ということである（pp. 56–59）。

参考文献

Brubaker, G., *The Limits of Rationality*, George Allen & Unwin, 1984.

向井守『マックス・ウェーバーの科学論』、ミネルヴァ書房、一九九七年。

Schluchter, W., *Die Entwicklung des okzidentalen Rationalismus*, J. C. B. Mohr, 1979.（嘉目克彦訳『近代合理主義の成立』、未來社、一九八七年。）

矢野善郎『マックス・ヴェーバーの方法論的合理主義』、創文社、二〇〇三年。

嘉目克彦「文化の普遍史と現代」、橋本努・橋本直人・矢野善郎編『マックス・ヴェーバーの新世紀』、未來社、二〇〇〇年。

第6章　「法社会学」における形式合理性と実質合理性

はじめに

形式合理性および実質合理性の概念は、ヴェーバーの合理性概念としてよく知られている。有斐閣の『新社会学辞典』では、「ある特定の価値観点を設定し、その達成の度合をさすのが実質合理性概念であるのに対し、特定の価値や内容とは全く無関係に行為や思考の経過が技術的に正確に計算される程度を意味するのが形式合理性である。……さらにヴェーバーは、形式合理性と実質合理性の乖離を近代社会の根本的な問題性として提示している」と説明されている（三六五頁）。弘文堂の『社会学事典』や有斐閣の『社会学小辞典』でも、ほぼ同じ内容の説明がされている。[1]

形式合理性および実質合理性の概念が重要な役割を果たしているのは、『経済と社会』に収められている「経済行為の社会学的基礎範疇」（以下では、「経済行為」と略記する）と「法社会学」においてである。だが、両論文には、かなりの違いが認められる。[2]

「法社会学」では、二つの合理性は対立するものとされているが、「経済行為」では、両者は、原理的には対立するが、経験的には一致する場合も少なくない、とされ、さらには、「理論的な、したがって当然まったく非現実的な前提のもとで構成された可能性にしたがえば、両者は常に一致する」とさえ述べられている（「経済行為」S. 59. 三六〇頁）。

また、「経済行為」では、formal, material の語が一貫して用いられているのに対して、「法社会学」では、それだけではなく、formell, materiell という語も用いられている。formal と formell, material と materiell の用語の違いは、これまであまり問題にされることがなかった。これについて中野は、「ウェーバーは、その定義からして二つの概念を明確に区別」しているのだから、それを見逃したのは、「これまでの研究の意外な盲点」だと言っている（『近代法システムと批判』四三頁）。

この論考では、まず、formal と formell, material と materiell との違いに論究している数少ない論者である、シュルフターと中野の解釈を検討することから始めることにしよう。

1 シュルフターと中野の解釈

formell と materiell の区別について、シュルフターは、次のように解釈している。「formell は法形式、つまり『手続き』に関係し、materiell は法内容つまり、法の『目的』に関係している」（『近代合理主義の成立』S. 130. 一一五頁）。さらに彼は、「全て形式的な法（formales Recht）は、formell には少なくとも、相対的に合理的である」（「法」S. 396. 一〇四頁）というヴェーバーの言葉を引き、「たんに法の formell な側面と materiell な側面が区別されるだけでなく、さらに、法創造と法発見の諸類型はそれが法のどの側面に優位を与えるかに応じて特徴づけられうる」とヴェーバーが考えているのだ、と解釈する（『近代合理主義の成立』S. 130, 一二五頁）。そして、形式的な法（formales Recht）とは、formell な成分によって支配されている法であり、これに対して、実質的な法（materiales Recht）とは materiell な成分によって支配されている法である、とする。言い換えるなら、形式的な法は、手続きが重要な意味を持ち、これに対して、実質的な法は、具体的な内容（条文）が重要な意味を持つ、ということである。

だが、この解釈は、少なくとも分かりにくいものである。formell な（つまり手続きの）合理性・合理化と「formell な成分によって支配されている法」の合理性・合理化とは、いったいどう違うのであろうか。さらに、それらは、formell な合理性と言うべきなのか、それとも formal な合理性と言うべきなのか。

さらに彼は、「ヴェーバーは……formal な合理化と material な合理化は互いにいわばアンチテーゼの関係にある、と主張した。法発展が進めば進むほど、formell な合理性と materiell な合理性はますます『相容れなく』なる」と言う（S. 132, 一二六頁）。ここでは、formal と formell、material と materiell の区別は意味を失っている。[3]

シュルフターは、法の形式的構造原理と実質的構造原理とを区別している。形式的構造原理とは手続きの一般性、実質的構造原理とは法の原理、法規範の一貫性を意味する。そして、このような区別に基づき、「法発展の経過の中で一般的法規範が発生するという事実」を「実質合理化」とヴェーバーが捉えている、としている（S. 134-135, 一三〇頁）。だが（後に詳論するが）、ヴェーバーの「実質合理性」は倫理的、功利的、政治的など、とにかく法以外の規範が法的決定に影響を及ぼすことを意味している。とすれば、デューベルトも言うように、シュルフターの議論はヴェーバーの正確な解釈とは言えないものとなる（Max Webers Handlungstheorie und die Ebenen des Rationalitäteskomplexes, S. 218–219）。

結局のところ、シュルフターの関心は、形式的（formal）—実質的（material）および合理的—非合理的という軸を組み合わせ、彼なりの法の類型論・発展論を作ることにあり、ヴェーバーの解釈それ自体には、さほど関心を払っていないのである[4]。

中野はシュルフターのこのような解釈が不十分なものだ、とした上で、次のような解釈を示している。formell‐materiellという対概念においては、「法の営みの合理性が、手続きについてなのか内容についてなのかが問題にされている。これに対して、formal‐materialという対概念は、いずれも、法的な決定の基準の性質を問題にしている」（『近代法システムと批判』四四頁）。そして彼は、formell‐materiellに「定式手続き的（上）」—「内容的（上）」という訳を当て、formal‐materialには「形式的」—「実質的」という訳を当てている（四四‐四五頁）。

formalとmaterialの区別は次のようである。「formalというのは、決定において準拠される基準が一義的・一般的なメルクマールをもって規定されているということ、この意味で『形式的』ということ」であり、「これに対して、materialというのは、決定において準拠される基準が実質的な価値規範であるということである」（四五頁）。

formellとmateriellの解釈は、シュルフターとほぼ同じであるが、formal‐materialの解釈は異なる。formalとformell、materialとmateriellとの意味の違いは、シュルフターの場合よりも明瞭であるし、ヴェーバーの論述にも合っているように思われる。だが、中野の解釈がそのまま受け入れられるかというと、そうではない。

2 形式的な法（formales Recht）の概念

ヴェーバー自身の議論を見てみよう。彼は、「全て形式的な法は、形式的には少なくとも、相対的に合理的である」と述べた後で、「ある法が形式的（formal）であるというのは、実体法上も訴訟上も（materiell-rechtlich und prozessual）、もっぱら一義的で一般的な要件メルクマールのみが尊重されるということである」と述べている（「法」S. 396, 一〇四頁）。この一義的で一般的なメルクマールにも二種類が区別される。一つは、感覚的に直感的な性格を持つ外面的なメルクマールであり、もう一つは、論理的な意味解明＝論理的合理性である。そして、後者の場合、「実質合理性（materiale Rationalität）との対立はむしろ高められる」とされる。なぜならば、実質合理性が意味しているのは、「抽象的な意味解明の論理的一般化ではなくて、それとはちがった性質の権威をもつ規範（倫理的な命令、功利的またはその他の合目的性の規則、政治的格率など）が、法律問題の決定に対して影響力をもつべきであるということだからである」（S. 397, 一〇五頁）。

この「形式的な法」の説明では、「形式的（formal）」という語は、一義性・一般性を持つという意味で用いられているように思われる。だが、それだけであれば、実質合理性との対立は成立しない。なぜならば、倫理的な命令も、政治的格率も、それなりの一義性・一般性を持ちうるからである。ヴェーバーにとって、「個々のケースの全く具体的な価値評価――……――が、決定のための基準とされ、一般的な規範が基準とされないような場合」は、実質的に（materiell）非合理的である、とされていることからも分かるように、一般性がないことは、非合理的であることを意味する（S. 396, 一〇四頁）。実質合理性が形式的な法の合理性と対立するのは、（ヴェーバー自身の説明とは違って）それが一義性・一般性を欠くからではない、と考えなければならないのである。

このことは、formal と対立的に用いられている material という語の意味を検討すれば明らかになる。この語が、material な諸原理、諸要求、というような用い方をされているケースのいくつかを引用してみよう。

「統治の特徴的な固有の本質は、……それがまさに、現行の客観法を……尊重し・実現することだけをその目的としているのではなく、他の実質的な（material）諸目的――政治的・倫理的・功利的あるいはいかなる性質の目的であれ――の実現をその目的としている、という点にある」（S. 389, 七二－七三頁）。

近代国家における「司法の分野においては、今日の裁判官は、……実質的な（material）諸原則、すなわち倫理・衡平・合目的性にしたがって決定を下すように、期待されることが希ではない」（S. 389, 七三頁）。

「一般的にいえば、教権制的支配者の『合理主義』も家産君主の『合理主義』も、ともに実質的な（material）性格をもつものである……。彼らが求めたのは、形式的（formal）＝法学的に最も厳密な・チャンスの計算可能性と法や訴訟の合理的体系化とにとって最善の・〔法の〕あり方ではなくて、これらの諸権威の実用的＝功利的な・また倫理的な諸要求に最も適合的な〔法の〕あり方なのである」（S. 468, 三七七頁）。

「家父長制的裁判が、確定した諸原則を遵守するという意味で合理的であるということは、事実上十分にありうることである。しかし、それがこの意味での合理性をもっている場合にも、このことは、その法的な思考手段が論理的な合理性をもっているという意味ではなくて、むしろ社会秩序の実質的な（material）諸原理――それが政治的内容のものであれ、福祉功利的または倫理的内容のものであれ――が追求されているということを意味しているにすぎない」（S. 486. 四四四頁）。

暴利取締法や、対価がつり合わないという理由から契約を無効としてとり扱おうとする試みは、「法的・習律的または伝統的な性格をもたず・純粋に倫理的な性格をもった規範に、つまり形式的な（formal）合法性の代わりに実質的な（material）正義を求めるような規範に、立脚しているのである」（S. 507. 五一五‐五一六頁）。

このように、materialという語は、政治的、倫理的、功利的、あるいは社会的正義など、いずれにせよ、法的ではない規範・原理に基づく、という意味を含んでいるのである。とすれば、formalであるということは、単なる論理的一般性ではなく、法の論理が貫徹していることだ、と解釈せざるをえない。このように解釈するならば、「形式合理性」とは、法の論理・原理のみに基づいて法が作られ運用されるということを意味することになる。そうであれば、中野の解釈も不十分なものだと言わざるをえないであろう。

3　法の形式性の二義

だが、formalという語は、常にこのような意味で用いられているわけではない。それは、形式を重んじる、というごく通常の意味でも用いられている。

ヴェーバーによれば、原始的なあるいは始原的な法は、呪術と結び付いており「呪術に由来する形式主義と啓示に由来する非合理性との結合形態」であった（「法」S. 504. 五〇九頁）。

「この種の（相争うジッペ相互間の・訴訟手段として神託や神判を伴う・贖罪および仲裁手続の）訴訟手続きは、呪術的または神的な力に呼びかけるあらゆる活動がそうであるように、厳密に形式的で（formal）あり、決定的な訴訟手段の非合理的・超自然的性格を通じて、実質的に（material）『正しい』判決を獲得することを期待していたのである」（S. 470. 三八一頁）。

「呪術が、紛争のあらゆる解決に、また新たな規範のあらゆる創造に介在している結果、あらゆる原始的な法手続に特徴的にみられる厳に形式的な（formal）性格が生まれてくることになる。というのは、問いが形式的に（formal）正しく提起されている場合においてのみ、呪術的手段は正しい回答を与えうるからである」（S. 403. 二八七頁）。

また、始原的状態を脱した「身分制的な裁判や法創造」においても、「法秩序は、たしかに厳格に形式的（formal）ではあるが、しかしまったく具体的であり、この意味において非合理的である」（S. 485. 四四三頁）。

これらの場合、「形式的」という語は、先の「形式的な法」の場合とは違って、論理的一般性ではなく、主に手続きの一貫性を意味している。そして、それは合理性を意味せず、むしろ非合理的だとされている。このことから、形式的であることが、そのまま合理性を意味するのではない、ということは明らかであろう。「形式」が手続き面を指し、その一般性が合理性の基準だ、というシュルフターの解釈はあてはまらない、ということになる。それに、そもそも、神託などの「理性的にコントロールしうるような手段以外の手段が用いられる場合」はformellに非合理的である、とされているのであり、その手続きがいかに形式的に一貫していようとも、それは非合理的なのである。

さらに、このような意味で形式的な法は、同時にまた、非形式的（unformal）あるいは反形式的（antiformal）であるとも言われている。

ヴェーバーは法の発展の初期段階において、神聖な命令と世俗的な法との分離が起こらない場合には、「倫理的義務と法的義務、倫理的訓戒と法的命令とが——形式的に（formal）峻別されることなく——相互に曖昧に入り交じった状態が、換言すればすぐれて非形式的な（unformal）法が成立した」と述べている（S. 469. 三七八頁）。つまり、始原的な、呪術と混じり合った法は、手続き的には極めて「形式的」ではあるが、法全体の性質からすれば「非形式的」だ、と言われているのである。

もちろん、このような法は、手続きが厳密に遵守される、という意味では、「形式的」である。だから、それが「非形式的」だと言われるのは、法の原理的・論理的一貫性という意味での「形式性」に対立するからだ、と解釈しなければならない。

法が非形式的であるのは、このような始原的な段階においてばかりではない。「家父長制的行政のこのような反形式的（antiformal）・実質的な（material）性格がその頂点に達するのは、（世俗的または祭司的な）君主が、真に宗教的な利益に奉仕するという場合である」（S. 487. 四四六頁）というように、実質的な法は、同時に反形式的とされている。

明らかに、「非形式的」あるいは「反形式的」という語は、法以外の規範や原理が法にもち込まれ、法の原理とそれ以外の規範原理とが混在している状態を意味している。

これまでの議論から formal に二つの異なった意味が含まれていることは明らかになったであろう。まず第一に、それは定められた法やその手続きを遵守するという、ごく通常の意味で用いられている。

これに対して、最初に挙げた「形式的な法」の場合の「形式性」は、これとはまったく異なる意味だと解釈しなければ、ヴェーバーの議論が理解できなくなる。そして、この場合の formal は、すでに何度か述べたように、法が法の規範・原理のみに基づいていることを意味しているのである。だからこそ、第一の意味において形式的である場合にも、法の目的や決定の基準に関して material である場合には、非形式的あるいは反形式的だと言われるのである。

formal をこのように理解すれば、material や unformal（あるいは antiformal）の意味も明らかになる。material も unformal もどちらも法の領域に法以外の規範原理が持ち込まれている状態を意味している。そして、他の規範原理に基づいているという性質に焦点が置かれる場合には、法は material だ、ということになり、法と他の規範原理が混在し、法の原理が貫徹していないという状態を指すときには、unformal あるいは antiformal だ、と言われるのである。

では、formell はどうであろうか。それは常に「手続き的」という意味で用いられているだろうか。

中野は、「法社会学」第一節末尾と第二節冒頭の部分を引用し、「定式手続き上の（formell）仕方に様々な影響を与えてきた諸力の意義を問う」ことがこの論文の問題視角であったと言う（『近代法システムと批判』四七頁）。引用されている箇所をもう一度引用しておこう。

「さて、そこでわれわれは、法の形成に参与した諸力が、法の定式手続き上の性質（formelle Qualitäten）の展開に対してどのように影響を与えたかを見てゆくことにしよう。」（四五頁、「法」S. 397）

「…この事態は、法が利害関係者の利害とりわけ経済的利害にどのように奉仕するかという定式手続き上のその仕方（die formelle Art）に特徴を表している。」（同）

だが、最初の引用文のすぐ後で、ヴェーバーは次のように述べているのである。

「われわれは、法的思考のこれらの諸要請についてはここではさしあたりまったく立ち入らないで、法の機能の仕方について重要な意味をもっている・法の若干の一般的な形式的な（formal）諸性質について検討してみたいと思う。」（「法」S. 397, 一〇六頁）

中野が言うように、ヴェーバーが formal と formell を明確に区別しているのだとしたら、ここでヴェーバーは、「定式手続き」を考察の中心に置く、と述べたすぐ後で、今度は、「法的決定の基準」を中心とする、と言っていることになる。これでは、ヴェーバーは混乱していると考える他なくなってしまう。素直に読めば、ここでの formell と formal を意味上区別するのは困難である。ヴェーバーは、実はこれらの用語をそれほど明確には区別していないのではないか。そう考える方が自然であろう(5)。

4　用語の混乱

ここで、もう一度、ヴェーバー自身の議論に立ち戻ることにしよう。「法社会学」中のよく知られている箇所で、彼は法創造と法発見とは、合理的であることも、非合理的であることもある、と述べている（S. 396-397, 一〇四-一〇五頁）。

まず、formell および materiell に非合理的である場合が挙げられ、次に、合理的である場合にも、「formell な観点から合理的であることもあり、materiell な観点から合理的であることもある」と言われる。そして、それに続いて、formell な観点から合理的な法が、（materiell ではなく）material な合理性と対立することになる、と述べられるのである。

この箇所の用語法は、明らかに奇妙である。formell な合理性と非合理性、materiell な合理性と非合理性について述べていたはずなのに、materiell な合理性についての説明はなく、formell な合理性と material な合理性との対立が述べられ、material な合理性についての説明が後に続く。これは、ヴェーバーに用語上の混乱があることを示すのではないか。

もう少し詳しくヴェーバーの議論を追ってみよう。まず、formell に非合理的な場合として、「法創造と法発見の問題とを規整するために、理性的にコントロールしうるような手段以外の手段が用いられる場合、例えば神託やあるいはそれに代わるようなものを求めるということがおこなわれる場合」が挙げられる。ところが formell に合理的な場合の説明では、「全て formal な法は、formell には少なくとも、相対的に合理的である」と述べられた後、法が形式的である（formal）ということの説明が続く。formell な合理性の説明は、それ自体としては行われないまま、formal な法の説明へと移行しているわけである。そして、それが material な合理性と対立することになる、と述べられることになる。

このように、formell な合理性と非合理性、materiell な合理性と非合理性とが説明されるはずの、決定的に重要な箇所において、formell、materiell から formal、material への概念の横滑りが起こっているのである。

こうしたことを考えるならば、ヴェーバーの用語法は混乱している、と見る方が彼の議論を正しく解釈できるのではないだろうか。

先に見たように、formal が二重の意味を持っていたように、formell も「(法) 手続き的」という意味と一般的な「形式的」という意味との二つの意味で使われているのである。ヴェーバーが「法社会学」において法の formell な性質を検討すると言ったり、formal な性質と言ったりしているのは (中野の解釈とは違って)、どちらも、単に「形式的な」性質を検討するという意味にとるべきであろう。ここで「形式的」というのは、法の具体的な内容にまでは立ち入らない、という程度の意味である。(だが、この「形式的」な側面の内には、法が「形式合理性」に向かうか「実質合理性」に向かうかという重要な問題も含まれている。)

このような解釈が成り立つとすれば、ヴェーバーは formal を「法の規範・原理だけに基づく」という意味と、一般的な「形式的」という意味で用い、formell を「(法) 手続き的」という意味と、これまた一般的な「形式的」という意味とで用いていることになる。

こうした混乱の理由は、次のように考えられよう。

ヴェーバーが「法社会学」において formell、materiell という語を用いているのは、formelles Recht (手続き法・訴訟法) および materielles Recht (実体法) という法的な用語があるからである。シュルフターが formell を法の手続きに関連するもの、また materiell を内容に関連するもの、とするのもこのことによるのであろう。

だが、興味深いことに、ヴェーバーは、materielles Recht という語は何度も用いているが、formelles Recht という語は用いず、Prozeßrecht を用いている。これは、formales Recht との混乱を避けるためだと考えられる。そしてそれは、「法社会学」において formales Recht がこれまで見てきたような極めて特殊な意味で用いられているからに他ならない(6)。

しかし、彼はこのように formell、formal という語を法学的な特殊な意味で用いるとともに、両語を一般的な「形式的」という意味でも用いている。このことが「法社会学」の用語法に――またその解釈に――混乱をもたらすことになったのである。

5 「法社会学」の再解釈

formal、formell、material、materiell をこのように解釈した場合、「法社会学」におけるヴェーバーの議論から何が見えてくるだろうか。

まず、「形式合理性（formale Rationalität）」も「実質合理性（materiale Rationalität）」も、何か一般的な合理性として捉えられているわけではなく、法の領域に限定された、この意味で極めて狭い合理性概念だということである。すでに見てきたとおり、前者は法が法の原理・論理のみによって成り立つことを意味し、後者は本来法的になされるべき決定が、法以外の原理に基づいてなされることを意味している。つまり、両合理性を区別する基準は、法の原理・論理のみか、それ以外の原理なのか、ということにある。とすれば、両者が対立するのも、当然のこととなる。実質合理性を一般的に何らかの価値観点や規範と合致していることと解釈してしまうと――価値観点、規範の内には法的なそれも含まれるのであるから――、形式合理性の解釈も誤ったものとならざるをえないのである。

このように解釈することによって、何度か出てきた「全て formal な法は、formell には少なくとも、相対的に合理的である」という謎のような言葉の意味も明らかとなる。つまりそれは、法の原理・論理のみに基づいて成り立っている法は、手続き的にも——当然、「理性的にコントロールしうるような手段以外の手段」などは用いないのであるから——合理的だということを意味しているのである。

では、形式合理性を法の領域からより一般化して捉えればどうなるであろうか。「非形式的」な法とは、法の原理とそれ以外の原理とが混在している状態を指していた。逆に言えば、形式合理性とは、相異なる原理を区別し、原理的一貫性を求める、ということを意味することになる。法と宗教や倫理や政治との原理的区別だけではなく、ヴェーバーが方法論において強調した、「事実判断」と「価値判断」の区別も形式合理性の一形態だ、と言えるであろう。

また、それを制度やシステムの視角から捉えることもできよう。法が形式合理化されるということは、専門的な教育を受けた法の専門家（裁判官や弁護士など）のみによって、その制度が運営されることを意味する[(7)]。これは、始原状態においては呪術と分かちがたく結び付いていたそれぞれのシステム領域が個別のシステム領域として自立していくことだと解することもできる。これを「職業としての学問」に出てくる「主知主義的合理化」とは別の「脱呪術化」の意味だ、と考えることもできよう。

6　法の歴史的発展傾向

中野もこうした法の分立化、自立化に着目している。彼はそれを「『物象化』と『世俗化』という二つの軸の交錯」の結果と捉え（『近代法システムと批判』七四頁）、「法秩序が自立し法的合理主義に導かれて体系を志向してゆく、法技術的な発展のすえにたどりついたこの特質こそ、ウェーバーの見るところ、近代的法秩序の宿命的な構成原理に他ならない」と言う（九四頁）。

だがここには、形式合理性を「官僚制の鉄の檻」として現象するものとして捉える、しばしば見られる解釈が影響を及ぼしているように思われる(8)。はたして、ヴェーバーは「法社会学」においてそのようなことを主張しようとしているだろうか。

法の「形式合理化」は、法の論理が確立・貫徹していくこと、つまり、法が法として純化されてゆくことを意味するのであるから、法の内在的発展だと言えよう。だが、ヴェーバーが「法社会学」で関心を持っているのは、法の内在的発展ではなく、むしろ、外部からの影響である。つまり、「法の形成に参加した諸力が、法の形式的性質の展開に対してどのように影響したか」（「法」S. 397. 一〇六頁）、特に、「政治的支配形態が法の形式的性質に対してどのような影響を与えるか」（S. 468. 三七六頁）という問題である。

ヴェーバーは、法の一般的発展段階を次のようにまとめている（S. 504. 五〇九頁）。まず、「『法予言者』がカリスマ的に法を啓示する段階」、ついで「法名望家が経験的に法を創造し法を発見する段階」、次に、「世俗的なインペリウムや神政政治的な諸権力が法を指令する段階」、そして最後に、「専門法律家」が、「体系的な法の制定をおこない、……専門的な『裁判』をおこなう段階」に到る。その過程は、「法の形式的な諸性質」という観点から見れば、次のようになる。「すなわち、それは、原始的な訴訟における・呪術に由来する形式主義と啓示に由来する非合理性との結合形態から、時としては神政政治や家産制に由来する実質的で（material）非形式的な（unformal）目的合理性の迂路を経て、ますます専門化してゆく法学的な――したがって論理的な――合理性と体系化との段階に、それ故にまた、――……――法の論理的な純化と演繹的な厳格さとがますます強化され・訴訟の技術がますます合理化される段階に到達する」。最後の段階では、「法学教育を受けた」法の専門家が、「文献的で形式的（formal）・論理的な訓練にもとづいて」裁判を行うのである。

法の発展に影響を及ぼした外部の諸力は、まずは呪術であった。始原的には法は呪術と混在した、「非形式的」なものであった。次に、宗教的権力や政治権力が出てくる。この段階では、法的決定は法の原理にしたがうのではなく、それ以外の「実質的」な基準に基づいて行われることになる。そして最後に現れるのが、市民的な経済的利害関係者である。彼らの登場とともに、法の「計算可能性」が重要な意味を持つようになる。

市民的な利害関係者は、「契約の法的拘束力を確実に保障するような、一義的で明確な法を、すなわち、これらすべての性質を備えることによって計算可能な形で機能するような法を、要求せざるをえない」（S. 487. 四四八頁）。

また、「財貨市場の利害関係者たちにとっては、法の合理化と体系化とは、一般的にいって、……裁判の機能の計算可能性が増大してくることを意味していた――この計算可能性は、経済的な永続経営、とりわけ資本主義的な永続経営の最も重要な前提条件の一つであり、これらの永続経営は、事実、法的な『取引の安全』を必要としているのである」（S. 505. 五一二頁）。

「計算可能な」法は、当然、「形式的な」法である。「市民的諸階層は、一般的には、合理的な法実務がおこなわれることに対して、したがってまた体系化された・一義的な・目的合理的に創造された形式的な（formal）法――伝統への拘束も恣意をもひとしく排除し、したがって主観的権利をもっぱら客観的な規範だけを源泉として成立させるような形式的な（formal）法――に対して、最も強い関心を示すのが常である」（S. 471. 三八四頁）。

このような市民層の要求と、特権的階層に対抗しようとする君主の利害、および彼の官吏の利害とが結び付くことによって法の形式合理化（formale Rechtsrationalisierung）が推し進められ（S. 487, 四四八頁）、体系的で計算可能な法が現れてくることになる。

ところで、西洋においては、形式的なローマ法が影響を与え続けた。「西洋の家産君主の裁判が、他の地域とちがって、真正家父長制の福祉政策や実質的な（material）正義政策の道に合流しなかったのも、これらの形式的な（formal）諸性質があったためである」（S. 491-492, 四六五頁）。そして、ローマ法の継受は、「文献的な法教育を受け、大学の与えるドクトル資格免状を取得した法学者たちを作り出した」。かれらは、「法とは、それ自体の中に論理的な矛盾や欠缺を含まない一つの完結的な『規範』複合体であり、これらの規範を『適用』しさえすればよいのだという」「今日支配的な法の見方」を生み出すに到る（S. 493, 四六八頁）。

だが、こうした法のより一層の論理的一般化については、次のように言われている。「しかしながら、このような特殊の仕方での法の論理化には、形式的な（formal）法それ自体への傾向の場合とはちがって、生活上の諸要求――例えば市民的利害関係者の『計算可能な』法を求める要求――は、決して決定的な形では、関与していなかった。けだし、この種の要求〔……〕は、あらゆる経験の示すように、先例に拘束された形式的で（formal）経験的な法によっても、まったく同じようによく、しかもしばしば一層よく満足されうるからである」（S. 493, 四六八頁）。

ここでは、法の論理的一般化と形式的な法とが、別のものであるかのごとく論じられている。だが、初めの方に出てきた「形式的な法」の説明では、論理的一般性（論理的合理性）は法が形式的であることを意味する、「一義的で一般的なメルクマール」の一つの種類であったはずである。

ヴェーバーは、このあたりでは、「形式的な法」を計算可能な法とほぼ同義なものとして捉えているように思われる。法の発展を始原状態から歴史的に追うのでなく、近代社会のあり方という観点から見た場合、重要になるのは、法の法としての純化よりも計算可能性だ、ということであろうか。ここには、「形式合理性」を計算可能性とする「経済行為」に近い意味が現れているのである。

7 形式的な法の実質的な法への転化

先に挙げた法の一般的発展段階を見れば、法の形式合理性は、徐々に高まっていくもののように思える。ラッシュは、実質合理性を前近代のものとしているが（Modernity or Modernism? Weber and Contemporary Social Theory, p. 371）、そこまでは言わなくても、少なくとも、近代以降、形式合理性が優越するようになる、という解釈はかなり一般的なものになっているように思われる。だが、ヴェーバーは形式的な法の実質的な法への転化について繰り返し述べているのである。

まず第一は、形式的な自然法の実質的な自然法への転化である。個人の基本的平等に基礎を置く、「契約自由の形式的・合理的な自然法」は、社会主義理論の影響によって「労働による収益のみが正当性をもつという」「実質的な自然法」へと転化していく（『法』S. 500, 四九四頁）。

現在では、形式的であれ実質的であれ、自然法的公理論は力を失った、とヴェーバーは言う。「それは、一つには法学的な合理主義そのものと、一つには近代的な主知主義一般の懐疑的精神とによって、あらゆる超法律的な諸公理論一般が、ますます崩壊と相対化とをとげていった、ということの結果であった」（S. 502,

五〇一頁)。

だが、一方で、現代においては、法学的な合理主義の展開そのものが、法の形式的な性質と対立するようになっている。

「法思考が論理的にますます純化されていくということは、……外面的に明瞭な形式的な(formal)メルクマールに固執することをやめて、――……――論理的な意味解明が強化されることを意味している」。この意味解明は、当事者の「真の意思」や「心情」を重視するという「心情倫理的合理化(gesinnungsethische Rationalisierung)」に向かう(S. 505-506, 五一三頁)。

「法社会学」の末尾近くで、ヴェーバーは次のように述べるに到る。「法の形式的な(formell)諸性質の発展は、独特の対立的な諸特徴を示している。法は、営業上の取引の安定性がそれを要求するかぎりでは、厳に形式主義的であり、感覚的な要件に縛られていないながら、他方、当事者意思の論理的な意味解釈や『倫理的最小限』の意味での『善良な取引慣習』がそれを要求するかぎりでは、営業的な取引上の誠実のために、非形式的(unformal)なものになる」(S. 512, 五二四頁)。現代において、前近代と同様の法の非形式性が回帰するのである。

ここで述べられていることは、形式合理化がそれ自体として貫徹するのではなく、それが行き着いたところで、実質的な要因(実質合理性)を必要とするようになる、ということだと解釈することができる。つまり、形式合理性(特に論理的合理化という意味での)が実質合理性と対立するようになる、という最初の方に出てきた主張と逆のことが言われていることになる。

これは、ヴェーバーが、法が法の原理自体によっては根拠付けられない、と考えていることによるのであろう。（そしてそれは、「社会学の根本概念」などにおいて、法をその原理によって他の規範と区別するのではなく、強制装置の存在によって区別する、ということにつながっている。）法の形式合理化とは、法の原理・論理が貫徹し、法が法として純化されていくことだ、と本章では解釈してきた。だが、法が自らの内に根拠を持たないのであれば、形式合理化は必然的に限界に突き当たることになる。それも、形式合理化＝論理的合理化そのものの展開の帰結として、それが起こるのである。

これは、ある領域の原理的・論理的深化が進めば進むほど、そのこと自体が自らの根拠を掘り崩してしまう、ということである。そしてそれは、学問の進歩が学問そのものの意義を失わせてしまう（少なくとも、自らはそれを基礎付けることができなくなる）、という「職業としての学問」で主張される事柄と同様のものである。

そして、「法社会学」に限って言うならば、それは「形式合理性」の概念に矛盾を引き起こす。法が独自の根拠を持たないのならば、法が法として独立し、純化されるということも究極的にはありえないこととなるからである。

「法社会学」が結局草稿のままで残されてしまった理由も、一つにはここにあるように思われる。そして、約十年後に、「経済行為」において、ヴェーバーは「法社会学」とは全く異なった「形式合理性」の概念に辿りついたのである。

注

（1）　また、ブラベイカーも形式合理性が手段と手続きの計算可能性に関わり、実質合理性は目標または結果の価値に関わると解釈している（*The Limits of Rationality,* p. 36）。

（2）同じ『経済と社会』に収められてはいるが、両論文の執筆時期には十年ほどの開きがあると考えられており、また、第二部の「法社会学」は草稿のままで遺されていたものであった。

（3）シュルフターは、formell、materiell を「合理性（Rationalität）」を修飾する語として、formal、material を「合理化（Rationalisierung）」を修飾する語として用いる、という区別をしているようであるが、この用語法は、ヴェーバーのものとは一致しない。

（4）シュルフターは、ヴェーバーの文を引用しながら、「materiell な合理性というのは、『倫理的命令ないし功利主義的その他の合目的性の規則、あるいは政治的格率等の、抽象的な意味解釈の論理的一般化とは異なる質的尊厳の諸規範が、法律問題の決定にも影響力をもつはずである』ということ」だとしている（『近代合理主義の成立』S. 132, 一二七頁）。だが、ヴェーバーの文章では、この箇所は、materiell な合理性ではなく、material な合理性（materiale Rationalität）である（「法」S. 397, 一〇五頁）。このことも、シュルフターがヴェーバーの用語法自体にはそれほど注意を払っていない、ということを示すものである。

（5）また、次のような箇所もある。「すでにみたように、証明手段が始源的には――もともとは呪術的要因に制約されて――形式に（formal）拘束されていたのを打破したのは、一つには神政政治的合理主義、一つには家産制的合理主義――この両者はともに『実質的な真実の探求（materielle Wahrheitsermittlung）』を要請するものである――の仕事であり、要するに実質合理化（materiale Rationalisierung）の産物であった」（「法」S. 505, 五一二頁）。ここでも、material と materiell が意味上の区別なく使われていることは明らかであろう。

（6）それでは materielles Recht はなぜ、そのまま用いるのか、という問いが出てくるかもしれない。しかし、これはシュルフターも言うように、ヴェーバーの関心が主要には法の形式合理化・合理性に向けられており、実質合理性は残余的カテゴリーだからだ、と考えればいいであろう（『近代合理主義の成立』S. 131-132, 一二六頁）。

（7）それゆえ、イギリスの陪審員制は「非合理的」である、とされる（「法」S. 447, 二八六頁）。

（8）たとえば、最近では、リッツアがこのような解釈をし、マクドナルド化＝形式合理化として捉えている。

参考文献

Brubaker, G., *The Limits of Rationality*, George Allen & Unwin, 1984.

Döbert, R., Max Webers Handlungstheorie und die Ebenen des Rationalitäteskomplexes, in Weiß, J., Hg., *Max Weber heute*, Suhrkamp, 1989.

Lash, S., Modernity or Modernism? Weber and Contemporary Social Theory, in Whimster, S. and Lash, S. ed., *Max Weber, Rationality and Modernity*, Allen & Unwin, 1987.

中野敏男『近代法システムと批判』、弘文堂、一九九三年。

Ritzer, G., *The McDonaldization Thesis: explorations and extentions*, Sage, 1998.（ジョージ・リッツア、正岡寛司監訳『マクドナルド化の世界』、早稲田大学出版部、二〇〇一年。）

Schluchter, W., *Die Entwicklung des okzidentalen Rationalismus*, J. C. B. Mohr, 1979.（ヴォルフガング・シュルフター、嘉目克彦訳『近代合理主義の成立』、未來社、一九八七年。）

第7章　ヴェーバーと官僚制

はじめに

「隷従の檻」、ヴェーバーは官僚制をこう呼んだ。この呼び方に示されるように、彼が官僚制を否定的に捉えていたのだとする解釈は、古くから見られるものである(1)。だが、彼の著作を読んでも、彼がどの点で、そしてどういう理由で官僚制を批判しているのかは必ずしも明確ではない。

彼の議論には奇妙とも思える対比が見られる。『政治論集』などに収められている時事的、政治的発言においては、彼は官僚や官僚制を激烈に批判している。しかし、「支配の社会学」や「支配の諸類型」では批判的な視点はあまり表面に現れてこない。これは、学問的な著作である後者では、「価値自由」の要請に従い、評価を表に現していないからだとも考えられる。だが、それだけであろうか。『政治論集』における発言をとっても、彼の批判の根拠は必ずしも明らかではないように思えるのである。官僚制の評価をめぐるこのような態度には、彼の基本的な思考の枠組みに関わる重要な問題が潜んでいるのではないだろうか。

1 官僚制の技術的優秀性

ヴェーバーの社会学において官僚制は重要なテーマの一つであった。「官僚制的合理化」は「伝統に対する第一級の革命的力たりうる」(「支配Ⅱ」S. 657, 四一一頁)。カリスマが人間を「内部から」変革するのに対して、官僚制は「外部から」変革するのである(同)。このように、官僚制論は世界の合理化という彼の中心的主題にとって重要な意義を持っている。

官僚制は、他のあらゆる組織と比較して「純技術的にみて優秀」であり、「支配の行使の形式的には最も合理的な(formal rationalst)形態である」(「諸類型」S. 128, 二六頁)。「精確性・迅速性・明確性・文書に対する精通・継続性・慎重性・統一性・厳格な服従関係・摩擦の防止・物的および人的費用の節約」は、官僚制的な行政において、「最も理想的に高められる」(「支配Ⅰ」S. 561-562, 九一頁)。

「支配の社会学」や「支配の諸類型」における官僚制論は、「技術的優秀性」——特に、迅速性と計算可能性——に中心を置いて展開されている。確かに、「官僚制が『非人間化(entmeschlicht)』されればされるほど、……官僚制は、資本主義に好都合なその特殊な特質を、ますます完全に発達させることになる」(S. 563, 九三頁)というような表現も見られるが、このことを即座に否定的評価ととるのは早計であろう。ここでは、官僚制の極めて合理的な諸特徴と諸要素が冷静に分析されているのである。

ヴェーバーが合理性そのものをどのように評価していたかは、簡単には答えられない問題である。だが、少なくとも彼が合理性全般を否定的に捉えていたとは考えられない。(2) 組織の合理性を軸に展開される「支配の社会学」や「支配の諸類型」における官僚制論が、否定的・批判的なニュアンスを伴わないのはそのせいでもあろう。

2　官僚支配

「支配の社会学」や「支配の諸類型」とは異なり、『政治論集』などに収められている著作では、官僚や官僚制に対する否定的、あるいは攻撃的とさえ言える表現がしばしば見られる。そこでは「未来の隷従の檻（das Gehäuse jener Hörigkeit）」（「新秩序」S. 332, 三六三頁）という言葉や、官僚を「規則人（Ordnungsmensch）」――つまり「『規則（Ordnung）』というものを必要とする人間」、「『規則』しか必要としない人間」、「その『規則』が一瞬でもぐらつくともう血眼になる人間」、「その『規則』に適応するだけの生活から引き離されるともうお手あげだという人間」――として攻撃する発言が見られるのである（「市町村」S. 141, 一〇二頁）。

ビーサムはヴェーバーの官僚制論に二つの局面・二つのテーマがあると言う。『経済と社会』（「支配の社会学」と「支配の諸類型」）はここに含まれる）におけるテーマは、「複雑な行政上の諸課題をこなすための手段としての官僚制の優越性である」（『マックス・ヴェーバーと近代政治理論』p. 71, 八八頁）。これに対して、『政治論集』では「官僚制が、それ自身の明確な価値と、社会の目的や文化に影響を与える能力とを備えた、一個の独立した社会的・政治的な力となる傾向をもっている」ということである（pp. 71-72, 八八頁）。「『経済と社会』では官僚制の技術的優越性が強調されたが、ヴェーバーの政治的著作ははっきりとその否定的側面、それがなしえないものに関心を集中した」（p. 65, 八〇頁）。

このビーサムの解釈は「支配の社会学」や「支配の諸類型」ではあまり批判的なニュアンスが感じられないが、『政治論集』ではそれが強く出ているという印象と一致する。

「隷従の檻」という表現が用いられている「新秩序ドイツの議会と政府」も『政治論集』に収められている。ここでヴェーバーは、「普遍的な官僚制化」について述べた後で、三つの問いを立てている。第一は、自由を救い出すことは、どうすれば可能かということである。第二に、国家官僚層の「異常に大きな力を制限し、これを有効に統制できる勢力が存在するなんらかの保証はどうすれば与えられるか」（「新秩序」S. 333, 三六四頁）。そして、第三の問いは、「官僚制そのものが果たしえないもの」、つまり「指導者精神」に関わるものだとされている（S. 334, 三六四頁）。ビーサムが「それがなしえないもの」と言っているのは、この「指導者精神」の問題である。

「新秩序ドイツの議会と政府」では、以下この第三の問いを巡って論が展開されることになる。そして、そこで特に問題とされるのはビスマルク以来の「官僚支配（beamtenherrschaft）」である。「ビスマルク公の退官以後、ドイツは（精神的な意味での）『官僚』の統治するところとなった」（S. 335, 三六六頁）。「諸外国と比べてドイツに欠けていたものは、政治家による国家指導であった」（S. 336, 三六七頁）。

本来政治家がつくべき立場に官僚がつき、国家を統治することが「官僚支配」であり、それがドイツの政治にとって最大の問題だとヴェーバーは主張している。(3) そしてよく知られているように、彼は「職業としての政治」においては、この状況を克服するためには「カリスマ的指導者」が必要だとし、そうした資質を持つ政治家が官僚制を指導すべきだと主張したのである。

ビーサムは「官僚の支配（rule of officials）」という言葉の二つの意味を区別している。第一は、「近代的政府（行政）はすべて官僚に支配されている」という「一般的な意味」であり、ヴェーバーの言葉では、「官僚制の支配（Herrschaft der Bürokratie）」あるいは「官僚層の支配（Herrschaft des Beamtentum）」がこれに当たる（『マックス・ヴェーバーと近代政治理論』p. 75. 九四頁）。第二は、「官僚制が国家における指導的官職を占める」という意味である（同）。これが「官僚支配」であり、ビーサムはそれが「国家内部で独立した一集団としての官僚制の究極目標をなしてきた」と述べている（p. 76. 九四頁）。それは「手段の自己目的化」を意味し、「いかに官僚制が完全無欠の手段であっても、それがひとたびその限界を踏み越えれば、完全ではなくなってしまう。これがヴェーバーの批判の核心である」と言う（p. 78. 九八頁）。

確かに、「新秩序ドイツの議会と政府」においても「職業としての政治」においても、ヴェーバーの批判の中心点はここに置かれている。だが、それは官僚制一般に対する批判であろうか。ヴェーバーの文章を読む限り、その批判は当時のドイツに向けられているに過ぎないように思われる。人民投票によって選ばれる大統領を持つアメリカは、ドイツの対極に位置付けられている。ドイツもそれにふさわしい政治家が官僚制を指導すればよいのである。「官僚制は純粋にそれ自体としては一つの精密機械なのであり、極めてさまざまの支配の利益……の用に供されうるものである」（「支配Ⅰ」S. 571. 一二〇頁）などというように、ヴェーバーはしばしば官僚制を「機械」に喩えている。機械であれば、それを使いうる能力のある者が適切に使えばよいということになろう。とすれば、「官僚支配」は一時的な逸脱形態に過ぎない、ということになる。それならば、なぜ官僚制を「未来の隷従の檻」などと大げさに呼ぶのであろうか。

3　官僚制の社会的影響

さて、ビーサムは、官僚制がその限界を越えて力を揮いうる要因として「秘密に守られた知識や専門知識、自らの優れた能力と不偏性への自信」（『マックス・ヴェーバーと近代政治理論』pp. 78-79, 九八-九九頁）を挙げている。確かにヴェーバーも官僚制的行政は「知識による支配」を意味し、それがこの行政の「特殊合理的な基本的性格」だ、と述べている（「諸類型」S. 129, 二九頁）。そして、ドイツでは「職務上の知識を『職務上の秘密』という……概念によって秘密知識に変えることが、官僚層の最も重要な権力手段……、行政が監督を受けないようにするための一つの手段」になっている（「新秩序」S. 353, 三八五-三八六頁）。だが、こうした傾向が官僚制につきものだとしても、それに対抗する手段は存在する。議会が行政を監督すればよいのである。ヴェーバーは、議会が「調査権」を持ち、行政を監督するイギリスを「この権利をこういう仕方で行使したところに、イギリス議会の挙げた見事な成果のもとがある」と評している（S. 353, 三八六頁）。とすれば、秘密の知識による支配ということも官僚制一般を批判的に評価する根拠にはなりえないであろう。

ビーサムは次に、官僚の典型的な態度として「扶持渇望（Pfründenhunger）」を挙げている。すなわち、官僚の最高の理想は安全、つまり「免職されることのないような地位と、将来見通しうる期間中の昇進の確実性」だということである（『マックス・ヴェーバーと近代政治理論』pp. 80-81, 一〇一頁）。そして、「ヴェーバーはこれらの態度を、それより広範囲な社会的諸帰結という見地から否定的にしか評価せざるをえなかったのである」（p. 82, 一〇三頁）とし、ヴェーバーの未来に対するイメージが、「秩序と安全という官僚制的な価値が唯一の理想として浸透し、また一切を包括する単一の階統制に支配された社会」というものだと述べている（p. 84, 一〇七頁）。

ヴェーバーの発言にこのようなことが述べられていることは事実である。だが、こうした態度が官僚に典型的に見られるとしても、「秩序と安全」を求めるのは官僚だけではないであろう。また、人々の間にこのような態度が広がっていくということは、人々の意識やより広い社会状況の問題であり、官僚制がそのような態度を人々の内に作り出すのだとは言えないのではないだろうか。実際ヴェーバーは、このような態度に対抗する態度を政治家と実業家の内に見出している。つまり、この点も官僚制一般を否定的に捉える根拠にはなりえない、ということである。

最後に残されているのは自由の問題である。官僚制は自由の喪失をもたらす。ヴェーバーも確かに、そのようなことを述べてはいる。だが、具体的にどのような意味においてなのかは、これまた、決して明確ではないのである。

「ひとたび完全に実現されると、官僚制は最もうちこわしがたい社会組織の一つになる」（「支配Ⅰ」S. 569, 一一五頁）。このように、彼は「官僚制的装置の永続的性格」を認めている。「倫理」論文において資本主義を「鉄の檻」に喩えたのも同様の理由によるであろう。合理的な制度・組織は一度完成されると容易には破壊できないものになる、と彼が考えていたことは間違いないことである。

だが、だから官僚制は自由を奪うものなのだろうか。ヴェーバーが自由一般についてどう考えていたかは、これまた簡単に論じられる問題ではないが、ビーサムは、ヴェーバーの「自由」に経済的自由（経済的個人主義）、市民的および政治的自由、内面的・人格的自由（「個人的な自律ないし責任」）の三つを区別している（『マックス・ヴェーバーと近代政治理論』pp. 47-49, 六〇-六二頁）。

ヴェーバーは近代社会においては経済的自由の排除が進んでいると捉えている、とビーサムは指摘する。これは農業などの従事者が減少し、工場など官僚制化された組織における労働者が増加するからであろう。しかし、ヴェーバーは一方で、資本主義は合理的な官僚制を必要とすると論じている。それは官僚制が予測可能性をもたらし、これが自由な経済活動の基盤となるからに他ならない。であれば、官僚制が経済の領域において自由を奪うものだとは一概に言えない、ということになる。

第二の政治的自由に関しては、ビーサムも指摘するように、ヴェーバーは強力な議会制度がそれを支えると主張している。だが、この問題は官僚制一般に関わることではなく、先に指摘した「官僚支配」への対抗策に関わることであろう。独裁であれ、民主制であれ、官僚制は「極めてさまざまの支配の利益……の用に供されうる」のである。つまり、官僚制は政治的自由とは直接関係を持たないと考えるべきであろう。

ビーサムは第三の自由についてはほとんど論じていないが、これが最も根源的な次元のものであろう。「ロッシャーとクニース」においてヴェーバーは、ロマン主義の「人格の謎」に基礎を置く非合理的な自由概念を批判し、「目的論的・合理的な行為」領域の拡大こそが「意志の自由」をもたらすのだとしている（「ロッシャー」S. 132-133, (二) 一二九-一三〇頁）。つまり、目的-手段関係を合理的に考量できることが自由の基盤だということである。ここで主に考えられているのは「法則的知識」であるが、そうであれば、「予測可能性」をもたらす官僚制もむしろ、自由の基盤だと考えられねばならないということになる。

官僚制はその組織内にある官僚にとっては——官僚は規則や上司の命令に従って職務を遂行すべき存在なのであるから——自由の剥奪を意味するであろう。だが、それは組織の外部にある者に対しては——また社会全体にとっては――、予測可能性をもたらすことによって、自由な行為を可能とするものと考えられる。確かに規則に縛られることは「不自由」ではあるが、冷静に考えれば、官僚制より恣意的な行政の方が自由を与えるなどと言えないことは明白であろう。

もちろん、この自由は一定の規則の枠内のものではある。だからといって、それを自由の剝奪だとか抑圧だとかヴェーバーが考えていたとは――先の「ロッシャーとクニース」における自由の考察に従う限り――考えられないのである。(4)

このように、ヴェーバーが「官僚支配」を批判していることは明白だが、それを越えて、制度・組織としての官僚制一般にどの点で、どういう理由で批判的であるのかは、明らかではない。官僚制は機械のようなものであって、能力ある指導者がそれを指導すればよいのである。もちろん官僚層と政治的指導者との間にはさまざまなコンフリクトが存在するであろうが、官僚制に政治家の指導を無効にするような性質があるとヴェーバーが考えていたとは思えない。彼が批判的に見たのは官僚制という制度・組織ではなく、官僚という人間、「職業人」のあり方だと考えるべきではないか。

4　「文化人」と「専門人」

モムゼンは、ヴェーバーが批判的に捉えたのは官僚制という制度ではなく、「専門人」=「規則人」という人間のあり方だと解釈している。「文化人（Kulturmensch）」対「専門人（Fachmensch）」の対立がヴェーバーの「歴史哲学的背景」をなしている、と彼は言う（『マックス・ヴェーバー　社会・政治・歴史』S. 110, 一六一―一六二頁）。

モムゼンは「専門人」、「規則人」、「実際人（matter-of-fact-men）」という言葉を同義のものとして使用しているが、それは「行為の方向をもっぱら現行の諸関係と現存の成功のチャンスに合わせる」（S. 110, 一六一頁）、言い換えれば、「既存の諸関係にいつも巧妙に適応することを心得た」（S. 119, 一七二頁）人間のことである。これに対して「文化人」とは、「非日常的価値を指向する創造的人格」（S. 110, 一六一頁）である。

「劃一化の傾向、すなわち最高の理想を指向する個人的行為をすべて排除する傾向――合理的なゲゼルシャフト化に等しく備わったもの――は、結果においてあらゆる社会関係の完全かつ徹底的な合理化と文化の『化石化』を狙っている」（S. 127, 一八一頁）。この傾向に適するのは、言うまでもなく、「専門人」=「規則人」である。「このような事物の管理から、道は全面的に管理された世界へと通じている。そこでは人間の偉大さのための場はもはや微塵もないであろう。このように管理の世界へと通ずる道を見通したヴェーバーは、むろんその世界に背を向け、ニーチェの側に身を寄せた」（S. 131, 一八七頁）のだ、とモムゼンは言う。

そして、「普遍的官僚制化」の進行によって、「これからの普遍史的発展」は、「『文化人』に対する『専門人』の完勝」に終わるのではないか、とヴェーバーは怖れていたのだ、というのがモムゼンの理解である（S. 134, 一九〇頁）。要するに、与えられた規則に従い、現状に適応することを最大の関心事とする人間が支配的になり、カリスマ的な創造的個人の存在する余地がなくなるということをヴェーバーは批判し、また怖れたのだ、ということである。

このモムゼンの解釈が正しいかどうかを判断する前に、「文化人」や「専門人」という言葉の使い方を確認しておこう。

ヴェーバーにおいて「文化人」という概念が決定的な重要性を持ったものだということは、以前から指摘されてきた。この場合、「文化人」とは「客観性」論文に出てくる、「世界にたいして意識的に態度を決め、それに意味を与える能力と意思とをそなえた」（「客観性」S. 180, 九三頁）人間のことである。もちろん、これには脱呪術化し宗教が力を失った現在では、世界に意味を与えてくれるような絶対的存在はありえない、という認識が前提されている。姜が言うように、没意味化をもたらした、当の近代西洋の合理化が同時に可能とした「究極的な価値や生の意義を自律的に選択し、自己責任を負う能動的な価値主体」が「文化人」に他ならない（『マックス・ウェーバーと近代』八頁）。

これに対して、モムゼンの捉える「文化人」は、あまりにカリスマ的、英雄的にすぎると思われる。先のヴェーバーの規定では、歴史を切り開いていくカリスマ的人物に限定はされないであろう。

「専門人」という言葉はもっと複雑である。というのは、ヴェーバーがこの言葉を明確に定義して用いているわけではないからである。「支配の社会学」では次のような箇所にこの言葉が見られる。「合理的な『事象性』への発展、『職業人』や『専門人』（Berufs-und Fachmenschentum）への発展は、この発展に伴う極めて多岐にわたるあらゆる諸影響を含めて、すべての支配が官僚制化されることによって極めて強く促進されるものである」（「支配Ⅰ」S. 576, 一三五頁）。これは官僚が専門的知識や技能を試す専門試験によって選ばれるという文脈の中で述べられていることである。ビーサムが「扶持渇望」と呼んでいるようなことも指摘はされているが、それほど批判的なものではない。

「倫理」論文では「専門人」や「職業人」は必ずしも否定的に捉えられているわけではない。ヴェーバーは現代を専門化の時代と捉えている。そして、「専門の仕事への専念と、それに伴うファウスト的な人間の全面性からの断念は、現今の世界ではすべて価値ある行為の前提」（「倫理」S. 203, 三六四頁）だとしている。「職業としての学問」では、学問もまた「かつてみられなかったほどの専門化の過程に差しかかっており、……この傾向は今後もずっと続くであろう」と述べ、それに続けて、「こんにちなにか実際に学問上の仕事を完成したという誇りは、ひとり自己の専門に閉じこもることによってのみ得られるのである」（「学問」S. 530, 二一頁）と言っている。

ヴェーバーはひそかに「全人」に憧れを懐いていたのかも知れない。だが、彼は「専門人」であることを否定したわけではない。ある種の諦念と共にであったかも知れないが、彼はそれを歴史的宿命として受け入れたのである。レヴィットもヴェーバーの言う「個人」とは「近代的専門人という現実の特殊的存在様式を越え、またはその外にある不可分的全体者としての個人」ではなく、「個別化した役割の中にそのつど全身を投ずるとき、はじめて個人は一個の人間となる」のだ、としている（『ウェーバーとマルクス』七〇頁）。シュルフターはこれを官僚制と結びつけ、官僚制的支配は「人間の全面展開という観念を犠牲にし」、「専門人の観念をすくい上げ」るのだと述べている（『現世支配の合理主義』S. 100, 一九九頁）。

そして、「専門人」は同時に「職業人」でもある。「確定した職業のもつ禁欲的意義の強調が、近代の専門人（Fachmenschentum）に倫理的な光輝をあたえる」（「倫理」S. 178, 三一七頁）のである。この言葉は「倫理」論文の中にある。周知のように、「倫理」論文の中心的な主張の一つは世俗的な職業労働（Beruf）が神によって与えられた使命と考えられるようになった、ということである。この意味では「職業人」の原型、そして典型は古プロテスタントであったということになる。「ピューリタンは職業人たらんと欲した——われわ

料金受取人払郵便

山科局承認

1918

差出有効期間
2021年3月
31日まで

郵便はがき

607-8790

（受　取　人）
京都市山科区
日ノ岡堤谷町1番地

ミネルヴァ書房
読者アンケート係 行

◆ 以下のアンケートにお答え下さい。

お求めの
書店名＿＿＿＿＿＿＿市区町村＿＿＿＿＿＿＿＿＿＿＿＿＿書店

＊ この本をどのようにしてお知りになりましたか？ 以下の中から選び、３つまで○をお付け下さい。

A.広告（　　　　）を見て　B.店頭で見て　C.知人・友人の薦め
D.著者ファン　E.図書館で借りて　F.教科書として
G.ミネルヴァ書房図書目録　H.ミネルヴァ通信
I.書評（　　　　）をみて　J.講演会など　K.テレビ・ラジオ
L.出版ダイジェスト　M.これから出る本　N.他の本を読んで
O.DM　P.ホームページ（　　　　　　　　　）をみて
Q.書店の案内で　R.その他（　　　　　　　　　）

書 名　お買上の本のタイトルをご記入下さい。

◆上記の本に関するご感想、またはご意見・ご希望などをお書き下さい。
文章を採用させていただいた方には図書カードを贈呈いたします。

◆よく読む分野（ご専門）について、3つまで○をお付け下さい。

1. 哲学・思想　2. 世界史　3. 日本史　4. 政治・法律
5. 経済　6. 経営　7. 心理　8. 教育　9. 保育　10. 社会福祉
11. 社会　12. 自然科学　13. 文学・言語　14. 評論・評伝
15. 児童書　16. 資格・実用　17. その他（　　　　）

〒
ご住所

Tel　（　　）

ふりがな
お名前　年齢　歳　性別　男・女

ご職業・学校名
（所属・専門）

Eメール

れは職業人たらざるをえない」（S. 203, 三六四頁）。この言葉をどう解するにせよ、ここでの「職業人」は決して、モムゼンの言うような「既存の諸関係にいつも巧妙に適応することを心得た」人間のことではない。むしろヴェーバーは、世界に意味を付与しうる「文化人」であることは、専門分化の時代においては「専門人」、「職業人」という形をとらざるをえない、と考えていたのではないだろうか。「職業としての学問」の末尾近く、ヴェーバーは次のように言う。「こうした（いたずらに待ちこがれる）態度を改めて、自分の仕事に就き、そして『日々の要求』に……従おう」（「学問」S. 555, 七四頁）。英雄やカリスマを待ちこがれるのではなく、「専門人」、「職業人」として生きることを彼は勧めているのである。

5　政治家と官僚

モムゼンの言う「専門人」に当たるのは、ヴェーバーの言葉では、むしろ「規則人」であろう。先にも述べたが、ヴェーバーはそれを「『規則』というものを必要とする人間」、「『規則』しか必要としない人間」、「その『規則』が一瞬でもぐらつくともう血眼になる人間」、「その『規則』に適応するだけの生活から引き離されるともうお手あげだという人間」と、明らかに揶揄しているのである。

もちろん、官僚も「専門人」であり、「職業人」であることには違いない。だが、彼らの「職業人」としてのあり方は独特である。ヴェーバーは「新秩序ドイツの議会と政府」においても「職業としての政治」においても、官僚支配への批判との関連で、政治家と官僚の違いについて考察している。

よく知られているように、ヴェーバーは政治家の倫理を「責任倫理（Verantwortungsethik）」とした。つまり、政治家は自ら決断し、その結果に対して責任をとるべき存在である。

これに対して、「生粋の官吏は――……――その本来の職分からいって政治をなすべきではなく、『行政』を――しかも何よりも非党派的に――なすべきである」（「政治」S. 524, 四〇-四一頁）。「官吏にとっては、自分の上級官庁が、――自分の意見具申にもかかわらず――自分には間違っていると思われる命令に固執する場合、それを、命令者の責任において誠実かつ正確に――あたかもそれが彼自身の信念に合致しているかのように――執行できることが名誉である」（S. 524, 四一頁）とヴェーバーは述べている。つまり、「職務にたいする義務感が自分の信念よりも重要であることを示すのが、官僚の義務であるばかりか官僚の名誉でもある。…このことは官僚の精神が要求するところでもある」（「新秩序」S. 335, 三六六頁）のだ。「これに反して、政治的指導者、したがって国政指導者の名誉は、自分の行為の責任を自分一人で負うところにあり、この責任を拒否したり転嫁したりすることはできないし、また許されない」（「政治」S. 524-525, 四一頁）。それゆえ、「官吏として倫理的にきわめて優れた人間は、政治家に向かない人間、とくに政治的な意味で無責任な人間であり、この政治的無責任という意味では、道徳的に劣った政治家である」（S. 525, 四一-四二頁）。

言うまでもないことだが、官僚制は合法的支配の典型とされており、制定規則による支配がその第一の特徴である。ヴェーバーの規定によれば、官僚は自らの決断ではなく、規則に従って、「怒りも興奮もなく、憎しみも情熱もなく、したがって『愛』も『熱狂』もなく、全くの義務概念の圧力の下で、『人物のいかんを問うことなく』、何びとに対しても――すなわち同じ事実的状態にあるいかなる人に対しても――形式上平等に、その職務をつかさどるのである」（「諸類型」S. 129, 三〇頁）。官僚が自らの職務（Beruf）を全うするためには、このような「最高の意味における倫理的規律と自己否定」（「政治」S. 524, 四一頁）が必要とされる。

政治家が決断に基づいて方向付けをし、官僚は自らの信念を捨ててさえ、これに従う。これが政治家と官僚との本来的な関係である、とヴェーバーは考えているのである。したがって、官僚の上に述べたような性格は、否定されるべき欠陥ではなく、むしろ彼らの「名誉」でさえあるのだ。なのになぜ、ヴェーバーは官僚を規則にしがみつく「規則人」などと激しく批判しなければならないのであろうか。

彼は政治家と官僚の違いは「両者の責任のとりかたの違い」にある、と述べている（「新秩序」S. 335, 三六五‐三六六頁）。先にも述べたが、政治家にふさわしい倫理は責任倫理である。責任倫理に対立する倫理は「心情倫理（Gesinnungsethik）」である。責任倫理が「結果の責任」を引き受けるのに対して、心情倫理はこれを拒否する。心情倫理は「心情の炎を絶えず新しく燃え上がらせること」だけに「責任」を感じ、行為の結果には責任を負おうとはしない（「政治」S. 552, 九〇頁）。ヴェーバーは心情倫理的行為を「起こりうる結果から判断すればまったく非合理な行為」（同）だとしている。

だが、責任倫理も心情倫理も、どちらも「文化人」の倫理だと考えられよう。方向性は正反対ではあるが、どちらも自らの決断によって自らの行為を選び取り、世界に意味を付与するものだからである。ヴェーバーは政治家の倫理は責任倫理だとはしたが、一般的にそれが心情倫理より優れていると考えていたかどうかは疑問である。というのは、彼はこの二つの倫理を「妥協させることは不可能である」（S. 553, 九二頁）としているにもかかわらず、後には次のように述べているからである。「結果に対するこの責任を痛切に感じ、責任倫理に従って行動する、成熟した人間……がある地点まで来て、『私としてはこうするよりほかかない。私はここに踏み止まる』と言うなら、計り知れない感動を受ける。これは人間的に純粋で魂をゆり動かす情景である。……そのかぎりにおいて心情倫理と責任倫理は絶対的な対立ではなく、むしろ両々相俟って『政治への天職』をもちうる真の人間をつくり出すのである。」（S. 559. 一〇三頁）妥協させることが不可能な二つの倫理が「絶対的な対立ではない」というのは明らかに矛盾してはいる。しかし、ここから分かるように、ヴェーバーはぎりぎりの場面では、結果に対する責任よりも自らの心情・信念を選ぶことを認めているのである。

では、官僚の倫理はどうであろうか。ヴェーバーはこれについては特に述べてはいないが、それが「責任倫理」でも「心情倫理」でもないことは明らかであろう。官僚は自らの決断によってではなく、規則や上司の命令に従って行動する。「責任のとりかた」ということで言えば、政治家は結果に対する責任をとる――あるいはとるべきだ――が、官僚は責任をとらない、とる必要がない、ということになろう。自らの決断によるのではない行為の結果に対しては、責任をとれるはずがないからである。ヴェーバーは官僚に倫理性がないと考えているわけではない。むしろ、前に見たように、官僚には「最高の倫理的規律」が求められるのである。だが、「官吏として倫理的にきわめて優れた人間は、……政治的な意味で無責任な人間」である他ないのである。つまり、官僚の倫理は政治的意味では無責任の倫理だということになる。

責任をとらない、という点では「心情倫理家」も同じである。だが、心情倫理家とは違い、官僚は自らの心情・信念を貫き通すこともできない。「規律」に従う「自己否定」が官僚の特徴なのである。このように考えるなら、官僚はおよそ「文化人」＝近代的価値主体とは言えない存在だということになる。

6 「非人格性」、「事象性」

ヴェーバーは官僚制の特徴として「形式主義的な非人格性の支配」(「諸類型」S. 129, 三〇頁) を挙げるなど、「非人格性 (Unpersönlichkeit)」、「事象性 (Sachlichkeit)」にしばしば言及している。非人格性とは自らの感情や信念を抑える、あるいは捨てるということである。官僚には「怒りも興奮もなく、憎しみも情熱もなく」職務を行うことが求められる。そしてこのことは「人物のいかんを問うことなく」つまり「形式上平等に」、規則通りに物事を処理することにつながり、効率的な職務の遂行を可能とするのである。

ところで「非人格性」や「事象性」は、「倫理」論文においてはカルヴィニズムやピューリタニズムの特徴とされているものでもあった(5)。予定説を基盤とするカルヴィニズムでは、自分であれ他者であれ、およそ人間をあるいは人間らしい感情を大切にすることは「被造物神化」であり、最大の罪であるとさえ考えられた。人間は「神の道具」であり、神の栄光をこの世に顕すためにのみ存在するのである。

カルヴィニズムやピューリタニズムにおいては「隣人愛」ですら、具体的な他者に向けられるものではありえない。「『隣人愛』は……職業という任務の遂行のうちに現れ」、「しかもそのさいに、特有な事象的・非人格的な (sachlich-unpersönlich) 性格を帯びるようになる」とヴェーバーは述べている (「倫理」S. 100-101, 一六六頁)。「社会的秩序の合理的構成に役立つ」、「非人格的、社会的な実益に役立つ労働こそが神の栄光を増し、聖意に適うもの」とされるのである (S. 101, 一六六-一六七頁)。

彼らにとっては、伝道ですら他者を救うためになされるのではない。相手が入信しなくても、それどころか、言葉すら理解できなくても、「神の栄光のためにその誡めを実行するならば隣人愛は十分にみたされたことになる」(S. 100, Anm. 3, 一七一頁)。ここに到って、「『隣人』との関係における『人間性 (Menschlichkeit)』はいわば死滅しさった」(同) とヴェーバーは述べている。

「倫理」論文における非人格性は、まずは、他者を人間として大切にしないという他者に対する態度を意味しているようである。この点で官僚制論における「怒りも興奮もなく、憎しみも情熱もなく」、つまり自らの感情を抑制する、あるいはそれを捨て去る、ということとは方向が違っているとも言える。だが、カルヴィニズムやピューリタニズムにおいても、「神の道具」として生きるために、自分の感情や欲望を否定することが求められる。

ヴェーバーが「世俗内禁欲」に「資本主義の精神」の源泉、あるいは中心的な構成要素としての重要な意義を認めていたことは言うまでもないであろう。だが、「禁欲」はそれ以上の意義を持つ。彼は「合理的な禁欲」には「『人格 (Persönlichkeit)』に人間を教育する」働きがある、と指摘している (S. 117, 二〇一-二〇二頁)。西洋的禁欲は、すでに中世の修道院において、「自然の地位を克服し、人間を非合理的な衝動の力と現世および自然への依存から引き離して計画的意志の支配に服させ、彼の行為を不断の自己審査と倫理的意義の熟慮のもとにおくことを目的とする、そうした合理的生活態度の組織的に完成された方法」(S. 116, 二〇一頁) として存在した。近代的な人格=「文化人」の萌芽はここに用意され、プロテスタンティズムはそれを世俗内に引き出したに過ぎない。「倫理」論文において、世俗の職業労働を神から与えられた使命と考え、禁欲的にそれに打ち込むプロテスタントが取り上げられるのも、単に彼らが近代資本主義という合理的な経済制度の成立にとって重要な意味を持つから、というだけではない。それは、彼らが近代的な人格、主体にとって必要な「能動的な自己統御（aktive Selbstbeherrschung）」（同）を世俗の内で実現したからに他ならない。

「禁欲」という点については、官僚は古プロテスタント以上であるとも言える。ヴェーバーの規定する官僚には、感情だけでなく、場合によっては自らの信念をも捨てる「最高の意味における倫理的規律と自己否定」が求められる。職業倫理に従い、禁欲的に職務を遂行する官僚は、「倫理」論文で取り上げられた古プロテスタントの末裔であり、現代における「資本主義の精神」の体現者、いやその完成された姿であるとさえ言えよう。

官僚は合理的生活態度を身につけ、能動的に自己を統御する近代的な人格だとは言えよう。だが、彼は究極のところ、自らの信念や価値観に従うことはできないのであるから、近代的な価値主体ではありえない。つまり、自ら世界に意味を付与しうる「文化人」でもありえない、ということである。官僚制が機械に喩えられるなら、官僚はその機械の歯車に過ぎない（「市町村」S. 413, 一〇一頁）。彼らは自ら目的を立てることなく、与えられた目的を実現するための手段に過ぎない存在となる(6)。古プロテスタントの末裔として、立派な「専門人」、「職業人」ではある官僚が、一方ではこのような存在に堕してしまったのである。しかも官僚制は本来の住み処である行政機構を越えて、「工場から軍隊と国家にいたるまで」（「新秩序」S. 330, 三六〇頁）に広まっている。

なぜこのようなことになってしまったのか。それは、「意図せざる結果」などという言い方では片付けられないことであろう。しかしヴェーバーは、このような経緯を明確に説明できる理論を持ちえなかったと思われる。つまり、「近代人」としての官僚を明確に位置づけることができなかったのである。彼は、「専門人」「職業人」としての官僚は評価しつつ、「規則人」としての官僚は否定的に捉えざるをえなかったのであろう。彼が官僚制や官僚を一方では極めて合理的と評しつつ、他方で激しく攻撃しなければならなかった理由はここにあるように思われる。

注

（1）たとえば、一九三二年に発表された論文の中でレヴィットがすでにこういう解釈を示している（『ウェーバーとマルクス』六〇-六五頁）。

（2）山之内靖のように、ヴェーバーが合理主義の批判者であり、西洋近代の展開をギリシャ文化からの堕落と見ていた、というような解釈もある。だが、これはあまりに一面的な解釈だと思われる。この点については、拙著「揺れるヴェーバー」（本書第1章）を参照されたい。

（3）「職業としての政治」の中でも同様のことが述べられている（「政治」S. 525, 四二頁）。なお脇訳では「官僚支配」ではなく、「官僚政治」となっている。

（4）もっとも、一方でヴェーバーにこのような「合理性」を越えていこうとする「英雄主義的」側面があることも確かであろう。

（5）すでにパーソンズが「資本主義の精神」と非人格的な官僚の態度との関連を指摘している（『社会的行為の構造4』p. 515, 六八頁）。

（6）これはフランクフルト学派の「道具的理性批判」や、ジェノサイドは非合理性ではなく合理性によって起こったことだとするバウマンの問題提起につながる問題である。

参考文献

Beetham, D., *Max Weber and the Theory of Modern Politics*, Polity Press, 1985.（デーヴィド・ビーサム、住谷一

彦・小林純訳、『マックス・ヴェーバーと近代政治理論』、未來社、一九八八年。）

千葉芳夫「揺れるヴェーバー」『佛大社会学』第二五号、二〇〇〇年。

姜尚中『マックス・ウェーバーと近代』、お茶の水書房、一九八六年。

カール・レヴィット、柴田治三郎・脇圭平・安藤英治訳『ウェーバーとマルクス』、未來社、一九六六年。

Momsen, W., *Max Weber. Gesellschaft, Politik und Geschichte*, Suhrkamp. 1974.（ヴォルフガング・モムゼン、中村貞二・米沢和彦・嘉目克彦訳『マックス・ヴェーバー　社会・政治・歴史』、未來社、一九七七年。）

Parsons, T., *The Structure of Social Action*, The Free Press. 1937.（タルコット・パーソンズ、稲上毅・厚東洋輔訳『社会的行為の構造４』、木鐸社、一九七四年。）

Schlchuter, W., *Rationalismus der Weltbeherrschung*, Suhrkamp. 1980.（ヴォルフガング・シュルフター、米沢和彦・嘉目克彦訳『現世支配の合理主義』、未來社、一九八四年。）

山之内靖『マックス・ヴェーバー入門』、岩波書店、一九九七年。

第8章　「儒教とピューリタニズム」における脱呪術化概念

はじめに

ヴェーバーは「職業としての学問」において「脱呪術化（Entzauberung）」を「主知主義的合理化（intellektualistische Rationalisierung）」と同義だとしている。「それを欲しさえすれば、どんなことでもつねに学び知ることができるということ、したがってそこにはなにか神秘的な、予測しえない力がはたらいている道理がないということ、むしろすべてのことがらは原則上予測によって意のままになるということ、このことを知っている、あるいは信じているというのが、主知化しまた合理化しているということの意味なのである」（「学問」S. 536, 三三頁）。つまり、予測による支配（を信じていること）が「主知主義的合理化」のそして「脱呪術化」の意味だということになる。予測による支配は、ベーコン以来の近代科学の目標でもあった。

「脱呪術化」あるいは最近では「再魔術化」について論じる多くの論者は「脱呪術化」をこの意味で理解している。[1] だが、ヴェーバーの宗教社会学においては、この概念は「主知主義的合理化」とは異なった意味で用いられている。このことは、よく知られている「プロテスタンティズムの倫理と資本主義の精神」（以下では「倫理」論文と呼ぶ）の箇所を見るだけでも理解できよう。

そこでヴェーバーはカルヴィニズムについて次のように述べている。「世界の脱呪術化という宗教史上のあの偉大な過程、すなわち、古代ユダヤの預言者とともにはじまり、ギリシャの科学的思考と結合しつつ、救いのためのあらゆる呪術的方法を迷信とし邪悪として排斥したあの脱呪術化の過程はここに完結をみたのだった」（「倫理」S. 94-95. 一五七頁）。人間にはうかがい知ることも、変更することもできない、隠れた神の預定を信じるカルヴィニストの思考を「主知主義的合理化の完結」とみなすことはできないであろう。

宗教社会学においてヴェーバーは、「脱呪術化」を「主知主義的合理化」とは明らかに異なる意味で用いているのである。本章では「儒教と道教」の最終章、「儒教とピューリタニズム」における脱呪術化概念の検討をとおして、ヴェーバーが宗教と脱呪術化との関係をどのように考えていたのかを考察する。

1　宗教の合理化の一つの規準としての脱呪術化

「儒教とピューリタニズム」の中で、ヴェーバーは宗教の合理化を判別する規準として、次の二つを挙げている。一つは「宗教がどこまで呪術を払拭しているか、その程度」、つまり脱呪術化の程度であり、もう一つはその宗教における「神と現世との関係」、「現世にたいする固有な倫理的関係がどこまで組織的に統一されたものとなっているか」の程度である（「儒教」S. 512. 一六七頁）。

金井はこれを「脱呪術化・倫理化」テーゼと呼び、宗教における合理化プロセスの内容を示すものとしている（『ウェーバーの宗教理論』一五七頁）。こうした捉え方は、西洋における宗教の合理化を考察する場合には有効であろう。だがこの論考では、むしろ「脱呪術化」が「倫理化」と区別される、宗教の合理化の一つの規準であることに注目したい。それは、いくつかのことを意味することになる。

まず、「脱呪術化」と「合理化」が同義ではない、ということである。「儒教とピューリタニズム」で繰り返し述べられているのは、儒教は脱呪術化してはいないが、しかしながら、合理的な宗教だ、ということである。つまり、合理化にはいくつかの（宗教においては二つの）規準があり、脱呪術化はその一つに過ぎない、ということになる。これは「脱呪術化」が「主知主義的合理化」と同義だとする科学論の文脈での意味合いとは異なっている。

また、ここでの「脱呪術化」は「主知主義的合理化」とは明らかに異なった意味を持っている。それは、主知主義（科学的思考）によっては否定されるしかない宗教を信じているという一般的な意味だけではない。「儒教と道教」において、ヴェーバーは「儒教はユダヤ人やキリスト教徒やピューリタンと同様に呪術の実在性を疑わなかったのだ（ニューイングランドにおいても魔女が焚き殺されたことがある）」（「儒教と道教」S. 443-444. 二六〇頁）と述べている。これは、ピューリタンも呪術的思考や呪術的世界から完全に抜け出していたわけではない、ということを意味している。[2] 繰り返しになるが、宗教社会学における「脱呪術化」は、「主知主義的合理化」とは明らかに異なった意味で用いられているのである。

では、「儒教とピューリタニズム」において「脱呪術化」はどのような意味を持つのであろうか。「儒教のばあいには、呪術は現実に救済をもたらすものと考えて放置されたのに対して、ピューリタニズムのばあいには、およそ呪術的なものはすべて悪魔的と考えられ」た（「儒教」S. 513. 一六八頁）。「倫理」論文の表現を用いるなら、「救いのためのあらゆる呪術的方法を……排斥」することが、まず「脱呪術化」の意味だ、ということになるであろう。(3)

だが、「儒教とピューリタニズム」においては、「脱呪術化」は別の意味でも用いられている。ヴェーバーは「呪術から帰結するものは伝統の不可侵という事実であった」と述べている（S. 527. 一九二頁）。「およそ自然と神性、倫理的要請と人間的不完全、罪の意識と救いの要求、現世での行為と来世での応報、宗教的義務と政治的・社会的現実、そういったもののあいだの緊張関係は儒教倫理では完全に欠如しており、したがって、伝統や習慣に束縛されつつも、それを超える、そうした内面の力によって生活を支配するための手がかりなどは求むべくもなかった」（S. 522. 一八三頁）。「儒教と道教」の言葉を用いるなら、「儒教全体は、伝統的なものを徹底的に神格化（Kanonisierung）することとなった」のである（「儒教と道教」S. 452. 二七三頁）。呪術が伝統維持と結び付けられるのならば、脱呪術化は脱伝統化を意味することになる。

宗教社会学において、「世俗内」「世俗外」、「瞑想」「禁欲」といった特徴によって世界宗教を類型化しつつヴェーバーが強調しているのは、ピューリタニズムの「世俗内禁欲」だけが現世を合理的に改造しえたということに他ならない。「儒教における現世への順応とはおよそ対照的に、ピューリタニズムにおいては、現世の合理的改造（rationale Umgestaltung）への使命が打ちたてられたのである」（「儒教」S. 527. 一九二頁）。これに対して、「現世肯定」として特徴付けられる儒教は、「奥深いところに『呪術の園（Zaubergarten）』を存続させる傾向」（S. 513. 一六九頁）を持ち、それ故、伝統主義を打破するどころか、それを尊重するのである。

このように、「儒教とピューリタニズム」では、「脱呪術化」は救済の手段としての呪術を排除するということと、現世（世俗）の合理的改造＝脱伝統化という二つの意味で用いられている。では、この両者はどう関連しているのであろうか。

2　脱呪術化と合理的生活態度

「倫理」論文において両者を媒介する位置に置かれているのは、「資本主義の精神」と名付けられた「合理的生活態度」であった。「儒教とピューリタニズム」においても、人格に関する議論がなされている。

　儒教徒は、西欧において「人格（Persönlichkeit）」という観念が意味する、「あの内側からの統一」を獲得することができなかった。儒教徒の生活態度には、「内面的統一」が、つまり「『内面』（von innen heraus）から発する、自己の内部に態度決定の中心があり、それによって規制されるような統一が欠如している」（「儒教」S. 518, 一七七頁）。彼らに見られるのは「現世（世俗）の諸条件に対する、つまり外側への（nach außen hin）順応」なのである（S. 521, 一八二頁）。「ところで、最もよく順応した人間、つまりひたすら生活における順応の必要にしたがって合理化された人間は、組織的な統一体ではなく、単に個々の功利主義的諸資質が一つに結び合わされたものにすぎない」（同）。

　儒教徒にも「自覚的な合理的自己制御（wache rationale Selbstkontrolle）」（S. 514, 一七〇頁）が見られはするが、それは「あらゆる面で完成された完全な現世人としての品位を維持する」（S. 527, 一九二頁）ためであり、「あらゆる面で調和を保ち均斉のとれた人格に形成していくこと」（S. 514, 一七〇頁）が、彼らの理想であった。だが、「およそ現世を超え出ようとする意欲の欠けているところでは、現世に立ち向かっていく正味の力もおのずから不足せざるをえなかった」(S. 521. 一八二頁)。「あらゆる面で調和を保ち均斉のとれた人格」が「組織的な統一体」としての「人格」ではない、という言い方はいささか分かりにくいが、ヴェーバーの言いたいことは、そこからは現世を否定し、それを合理的に改造しようとする方向は生まれてこない、ということである。

これに対してピューリタニズムでは、「伝統の絶対的な非神聖視と、そして、所与の世界を支配し統御しつつ、これを倫理的に合理化しようとする不断の勤労への絶対無際限な使命、要するに、『進歩』への合理的な即事象的態度(die rationale Sachlichkeit)」が生まれ、「現世の合理的改造への使命が打ちたてられたのである」(S. 527. 一九二頁)。

ピューリタニズムの特徴は、「禁欲的な現世拒否」の態度であり、これは「現世を超越する神」と「被造物的堕落」の内にある人間、そして「罪の容器」としての現世、という宗教的世界観に由来する(S. 525. 一八八頁)。彼らにとっては、「儒教的な意味における自己完成(Selbstverwollkommnung)なるものは被造物を神化し、神を瀆する理想と考えられた」(同)。予定信仰の下では、こうした観念が人間を「神の道具(Gottes Werkzeug)」と見なす考えに結び付いていく、ということは「倫理」論文において詳論されていることである。およそ「人間的なもの」を大事にすることは被造物神化の罪と考えられ、ピューリタン達の行動は事象的な労働に向けられ、それが現世の合理的改造へと向かわせたのである。呪術的なものは救済の手段にはならず、ただ、神の命に従い禁欲的に職業労働に打ち込むことだけが、救済(に預定されていること)の証しとなる。

これに対して儒教においては、およそこの世界は秩序ある世界と捉えられている。つまり、「宗教的無価値化の点でも、実践的拒否の点でも、現世に対する緊張関係がおよそ最小限度にまで縮小」(S. 514, 一六九頁)しているのである。人間がそもそも罪深いものだとか、現世が「罪の容器」である、といった考えは彼らには受け入れがたいものである。また、先に述べたように、人間の理想も「あらゆる面で調和を保ち均斉のとれた人格」への自己完成であった。彼らにとって、「『品位ある人間』すなわち君子は決して道具ではな」く(君子不器)、「事象的な目的のための手段などではない」のである(S. 532, 二〇二頁)。

超越的な人格神への信仰によって統一的な人格が形成され、それが現世の伝統的秩序や慣習の決定的な否定に向かう、という論理は一応理解しうる。だが、儒教徒の生活態度も――内からの統一ではないにしろ――「自覚的な合理的自己制御」が見られる限り、合理的生活態度と呼びうるのではないか。ヴェーバー自身、儒教徒の生活態度を――ピューリタンとは方向が逆ではあるが――合理的と呼びうる、と述べている(S. 534, 二〇五頁)。ただ、その合理主義は「合理的な現世順応」を意味したのである。しかし、合理主義が現世順応に向かうか、それとも現世改造に向かうかの違いは、脱呪術化しているかどうかによるのであろうか。

ヴェーバーは儒教が呪術をどう見ているかに関して、極めて曖昧な論述をしている。一方では、先に引用したように「呪術は現実に救済をもたらすものと考えて放置された」と述べられているが、もう一方で、教養ある儒教徒は呪術に懐疑を懐きながらもそれを尊重したとされている(S. 515, 一七二頁)。さらに「儒教と道教」ではより明確に「呪術は救済的意義をもたなかった。……儒教においては、……呪術は徳(Tugend)にたいしては無力だ、という命題が有効であった」(「儒教と道教」S. 443-444, 二六〇頁)と述べられている。ヴェーバーはどうも、儒教徒が本気で呪術を信じていたとは考えていないように思われる。呪術を本気で信じていたのは中国の民衆に浸透していた道教であって、儒教は統治の必要から呪術を放置しておいたのである。

儒教は救済の手段として呪術を完全に排除はしなかったにせよ、それに懐疑を持つ程度には脱呪術化していたとも言いうる。だが、現世の合理的改造という意味での脱呪術化には向かわなかったのだ。ヴェーバーの議論はこう解するのが正しいであろう。

しかし、そうであれば、先に区別した二つの脱呪術化の関連はそれほど直接的なものではない、ということになる。両者は必然的に結び付くものではないのであって、救済の手段としての呪術を拒否しても、世俗外の生活・行為を重視するなら、現世の合理化には向かわないこともありうる。「倫理」論文で論じられているように、合理的・禁欲的な生活態度は、すでに西洋中世の修道院の中で完成されていた。だが、それが現世の合理化へと方向付けられるためには、カルヴァンの教えを待たねばならなかったのである。

3　脱呪術化と脱伝統化

ヴェーバーはしばしば「伝統主義」を「合理主義」と対置している。「倫理」論文においては「資本主義の精神」の「闘争の敵」は、「伝統主義とも名付けるべき感覚と行動の様式」であったとされる（「倫理」S. 43. 六三頁）。また、「伝統的行為」は「目的合理的行為」および「価値合理的行為」と対置されるし、「伝統的支配」は「合法的支配」と対置されている。ヴェーバーにおいて、「合理主義」が「伝統主義」と対立し、それを打ち破るものと捉えられていることは明らかである。

「儒教とピューリタニズム」における「脱呪術化」の第二の意味、つまり脱伝統化を合理化の規準とすることは、ヴェーバーのこのような思考からすれば理解しうることではある。だが、脱伝統化＝現世の合理化は宗教の社会的作用である。ヴェーバーの関心が西欧独自の合理主義に向けられ、その一つの特徴として現世のくまなき合理化が挙げられていることは、よく知られていることである。また、合理化に対して宗教の果たした役割に彼が強い関心を抱いていたことも事実である。だが、現世を合理化することは、宗教の固有の役割だとは言えない。宗教の合理化と宗教による合理化は概念的に区別されなければならない。脱呪術化を脱伝統化＝「現世の合理的改造」と捉えそれを宗教の合理化の規準とすることは、宗教の合理化という論点の内に宗教による合理化の視点を密輸入していることになるのではないだろうか。そう言いうるとすれば、第二の意味での脱呪術化を宗教の合理化の規準とすることには、矛盾があると言わねばならない。

また、脱呪術化が脱伝統化を引き起こすのかどうかについても疑問の余地がある。ヴェーバーは一方では、「無条件の現世肯定・現世順応の倫理の内的な前提条件は、純呪術的な宗教（rein magischer Religiosität）が本来の姿のままで存続しているということであった」（「儒教」S. 515、一七二頁）と述べている。だが、「民俗宗教のただ一つの……形式として、アニミズム的呪術がいつまでも存続したのも、およそ悪しき呪いを招き精霊の動揺を引き起こすような改革に対して人々の抱く伝統主義的な恐怖の結果であった」とも述べている（S. 520、一七九頁）。後者は呪術の存続が伝統主義的態度に起因するのだとも読める。

そもそも脱呪術化の過程はどう説明されるのであろうか。「儒教のばあいには、呪術は現実に救済をもたらすものと考えて放置されたのに対して、ピューリタニズムのばあいには、およそ呪術的なものはすべて悪魔的と考えられ、ただ合理的・倫理的なもののみが、すなわち神の誡命にしたがう行為、それも神によって潔められた心情から発するもののみが宗教的に価値あるものとされた」(S. 513. 一六八頁)。これは、神と人間、神と現世の関係についてのある捉え方が、呪術を拒否する根拠だということを意味する。つまり、宗教の合理化の第二の規準とされている倫理化が脱呪術化に先立つということであり、倫理化のある方向が脱呪術化を引き起こすということに他ならない。とすれば、両者を独立した合理化の規準とみなすことはできない、ということになる。

ヴェーバーが脱呪術化を合理化の規準とするのは、伝統の否定、現世の合理化という点に関わっているからであろう。だが、この点についても同様のことが言えるのではないか。儒教が伝統を重視するのは、呪術を信じているからではなく、世界がそもそも秩序あるものだと考えているからである。儒教においては、「現世は考えうるさまざまな世界のうちで最善のもの、人間の本性も素質からすれば倫理的に善であって、人間はこの世界において、すべてのことがらにおけると同様、互いに程度こそ異なれ、原理的には質を同じくし、無限に完成にむかってすすむ能力と、道徳的律法を実行しうる力をもつものであった」(S. 514. 一六九−一七〇頁)。このような世界観からは、現世の秩序や伝統を根本的に否定しようとする方向は生まれるはずがない。

キリスト教においても、人間を罪深いものとし、およそ現世を倫理的に無価値なものと捉える世界観が脱呪術化の根底にあったと考える方がよいであろう。それに禁欲的に世俗の職業労働に打ち込むことこそが神の望むことだ、というピューリタニズムの観念が加わり、それが「現世の合理的改造」へと導いたのである。

つまり、脱呪術化が脱伝統化を引き起こすのではなく、ある方向性を持つ倫理化が脱呪術化と脱伝統化をもたらすのだ、ということである。また、「内面的統一」としての「人格」についても、「真正の預言」がそれをつくり出すのだ、と述べられている（S. 521. 一八二頁）。そうであるならば、脱呪術化を倫理化とならぶ宗教の合理化の規準とすることは説得力を欠くことになる。脱呪術化が脱伝統化＝「現世の合理的改造」につながるのは、宗教の倫理化の一つの方向性に基づくのであって、それを独立した合理化の規準とみなすことはできないのである。

4　呪術と伝統

さらに、呪術は常に伝統維持的な性格を持つであろうか。「中間考察」の中で、ヴェーバーは次のように述べている。「呪術は、カリスマ的資質を目覚ますためか、邪悪な魔術を防ぐために行われた」（「中間考察」S. 540. 一〇六頁）。そして、発展史的にみれば前者の方が重要であった、と。よく知られていることだが、ヴェーバーはカリスマを「内側からの革命」をもたらす力だとみなしていた。カリスマは彼の歴史観においては、歴史の変革をもたらす重要な要因とされている。呪術がカリスマの覚醒と結び付くとすれば、「儒教とピューリタニズム」における議論とは逆に、それは変革の方向性を持つものと考えねばならない。脱呪術化＝脱伝統化（現世の改造）という捉え方は、こうした見方と矛盾することになる。

以上から言えることは、ヴェーバー自身の他の箇所での議論を参照すれば、呪術は伝統維持的に働く場合もあれば、伝統破壊的に作用することもある、と考えなければならない、ということである。とするならば、「儒教とピューリタニズム」のように、脱呪術化によって脱伝統化が引き起こされると論じることは、説得力を欠くと言わねばならない。

このように、脱伝統化という意味での脱呪術化を宗教の合理化の規準とすることは、現世の合理化という観点から見た場合にも疑問の余地があるものなのである。では、宗教社会学における脱呪術化概念は、意味のないものなのだろうか。そうとは言えない。「救いの手段としての呪術を排除する」というもう一つの意味においては、「脱呪術化」の概念は意味を持つと思われる。『岩波　哲学・思想事典』において中野は、呪術を「神強制」、宗教を「神奉仕」と捉え、「神強制」から「神奉仕」[4]への移行が、「『呪術』から『宗教』への移行であり、本来はこのプロセスが脱呪術化と呼ばれるものである」と解釈している（一〇三四頁）。

この解釈は、「儒教とピューリタニズム」ではなく、『経済と社会』の中の「宗教社会学」における論述に基づいているようである。そこでは「脱呪術化」という語は用いられていないが、文字通り呪術から抜け出し、宗教の原理が宗教の原理として確立される、ということこそ宗教の脱呪術化の意味だ、と考えた方が、ヴェーバーの他の議論と整合的であると思われる。だが、この点について詳論することは別の稿に委ねることにしたい。

注

（1）古くはホルクハイマー・アドルノの『啓蒙の弁証法』、最近ではリッツアの『消費社会の魔術的体系』を例に挙げることができる。

（2）もっとも「儒教とピューリタニズム」ではそのすぐ前で、「ピューリタンのばあいにのみ、現世の残るくまなき脱呪術化（die gänzliche Entzauberung der Welt）が徹底的に行われたといってよかろう」と言われてはいるのだが（「儒教」S. 513. 一六八頁）。

（3）『社会学事典』における樅島による脱呪術化の説明はこの意味とほぼ同じである（五八九頁）。

（4）　武藤・薗田・薗田訳では、「神奉仕」ではなく「神礼拝」となっている。原語はGottesdienstである。

参考文献

廣松渉ほか編『岩波　哲学・思想事典』、岩波書店、一九九八年。

Horkheimer, M. & Adorno, T. W., *Dialektik der Aufklärung*, 1947.（M・ホルクハイマー／T・W・アドルノ、徳永恂訳『啓蒙の弁証法』、岩波書店、一九九〇年。）

金井新二『ウェーバーの宗教理論』、東京大学出版会、一九九一年。

見田宗介・栗原彬・田中義久編『社会学事典』、弘文堂、一九八八年。

Rizter, G., *Enchanting a Disenchanted World*, 2nd. ed., Pine Forge Press, 2005.（ジョージ・リッツア、山本徹夫・坂田恵美訳『消費社会の魔術的体系』、明石書店、二〇〇九年。）

第9章　脱呪術化と合理化

はじめに

ヴェーバーの脱呪術化（Entzauberung）の概念[1]は、合理化と同じ意味であると捉えられることが多い。ヴェーバー没後十年あまりに発表された論文の中で、レヴィットは、すでに次のように述べている。「合理化のもっとも普遍的かつ根本的な成果は世界を徹底的に魔術から解放したこと」であり、「世界の魔術からの解放……は、これを世界に対する人間自身の関係についていうと、幻想の徹底的破壊、すなわち科学的な『捉われない態度』を意味する」と（『ヴェーバーとマルクス』六五－六六頁）。「職業としての学問」において、脱呪術化は「主知主義的合理化（intellektualistische Rationalisierung）」のことだとされている。レヴィットは脱呪術化をこの意味において捉えているのであり、脱呪術化に言及する多くの論者も同様だと思われる。『マックス・ヴェーバー辞典』でも、「職業としての学問」のその部分を引きつつ、「世界を呪術的な力（magical forces）によってではなく、科学と合理的な思考様式によって説明するようになっていく過程」と説明されている（*The Max Weber Dictionary*, p. 62）。

だがヴェーバーは、「儒教とピューリタニズム」の中で、宗教の合理化を判別する規準として、（1）「宗教がどこまで呪術を払拭しているか、その程度」、つまり脱呪術化の程度と、（2）その宗教における「神と現世との関係」、「現世にたいする固有な倫理的関係がどこまで組織的に統一されたものとなっているか」の程度の二つを挙げている（「儒教」S. 512. 一六七頁）。そして、儒教は脱呪術化してはいないが、しかしながら、合理的な宗教だとされている。このことは合理化と脱呪術化が決して同義ではない、ということを示しており、ここでは合理化が脱呪術化より広い概念として用いられているのである。

脱呪術化が合理化と同義であり、単にその詩的表現に過ぎないのであれば、その概念を特に取り上げて論じる意味はない。だが、脱呪術化が合理化とは違う意味内容を持つとすれば、その意味および合理化概念との関連を究明することは、ヴェーバー理解にとって大きな意義を持つことになる。

1　「脱呪術化」の二つの意味

両概念の差異に着目した論者として知られているのは、テンブルックである。彼は、「プロテスタンティズムの倫理と資本主義の精神」（以下では「倫理」論文と略記する）が最初発表された時には、脱呪術化の語は用いられておらず、後に『宗教社会学論集』に収録する際に書き加えられたものであることに注目し、脱呪術化の概念はヴェーバー最晩年のものであり、それまでとは違う認識を示すものだと主張している。

それは、「宗教史的脱呪術化」と「西洋の合理化」を区別するという認識であるとされる。テンブルックは、「合理化」、「脱呪術化」、「近代化」を区別し、全ヨーロッパ史を貫く全体的過程を「合理化過程」、プロテスタンティズムの倫理にまで到る展開を「脱呪術化過程」、科学、経済、政治によって担われる、その凝縮と継続を「近代化」と名付ける（『マックス・ヴェーバーの業績』二七頁）。このように解釈することにより、「世界の脱呪術化という宗教史上のあの偉大な過程……はここに完結をみたのだった」（「倫理」S. 94-95. 一五七頁）という「倫理」論文におけるカルヴィニズムについてのヴェーバー自身の叙述と矛盾のない解釈が得られることになる。「プロテスタンティズムの倫理それ自身が一つの宗教史的脱呪術化過程の最終場面としてのみ理解される」からである（『マックス・ヴェーバーの業績』二二頁）。だが、「固有の意味での合理化は、まさしくそこから始まる」のだ、とテンブルックは述べる（二六頁）。つまり、プロテスタンティズムの倫理に到る「宗教史的脱呪術化」の過程は、西洋近代の合理化（「近代化」）の基礎をなすものだ、ということである。

だが、このテンブルックの解釈に簡単に同意することはできない。というのは、既に述べたように、ヴェーバーは「職業としての学問」においては脱呪術化は主知主義的合理化のことだ、としているからである。主知主義的合理化の「最も主要な部分をなす」のが学問の進歩であれば、テンブルックの言う「近代化」も脱呪術化の過程に含まれるのだ、と考えざるをえない。だがそうであれば、脱呪術化の過程がカルヴィニズムにおいて「完結をみた」という「倫理」論文における記述とは矛盾することになる。どう解釈しても、「職業としての学問」における脱呪術化の意味と「倫理」論文におけるそれとは矛盾することにならざるをえないのである。

ヴェーバーは宗教社会学と「職業としての学問」とでは「脱呪術化」を異なった意味で用いているのでは

ないか。そう考えなければ、ヴェーバーの述べていることはまったくつじつまが合わないことになってしまう。

2　宗教社会学における「脱呪術化」概念

「職業としての学問」において、つまり科学論・学問論の文脈においては脱呪術化は主知主義的合理化を意味する。だが、宗教社会学においては、その概念はそれとは異なる意味を持っているのである。すでに指摘したように、「儒教とピューリタニズム」では脱呪術化は宗教の合理化の程度を測る規準の一つとされている。だが、そこでは脱呪術化の意味そのものは、明確に説明はされていない。

「倫理」論文では、「世界の脱呪術化という宗教史上のあの偉大な過程、すなわち、古代ユダヤの預言者とともにはじまり、ギリシャの科学的思考と結合しつつ、救いのためのあらゆる呪術的方法を迷信とし邪悪として排斥したあの脱呪術化の過程はここに完結をみたのだった」（「倫理」S. 94-95, 一五七頁）と言われ、より簡潔に、「世界の脱呪術化：救いの手段としての呪術を排除すること（die "Entzauberung" der Welt: die Ausschaltung der Magie als Heilsmittel）」とされている（S. 114, 一九六頁）。宗教社会学における「脱呪術化」は、こういう意味だと考えねばならない。

だが、すでにここで我々はある困難に——混乱に、と言った方がいいのだが——遭遇することになる。「儒教とピューリタニズム」において宗教の合理化の規準とされているのは、「宗教がどこまで呪術を払拭しているか」ということであり、「救いの手段としての呪術を排除すること」はその根幹に関わる事柄である。

それは、「宗教の脱呪術化」なのである。しかし、「倫理」論文では、「世界の脱呪術化」について述べられているのである。また、次のような箇所もある。「洗礼派系の諸教派（……）は、予定説の信奉者、わけても厳格なカルヴァン派と並んで、救いの手段としての一切の聖礼典を根本から完全に無価値なものとし、こうして宗教による世界の脱呪術化を徹底的に成しとげたのだった」（S. 155-156. 二六七頁）。この限りではヴェーバーは、宗教の脱呪術化と世界の脱呪術化を無造作に同義のものとしているように見える。

しかし、一方で彼はこの点に関して興味深い指摘をしている。「儒教と道教」では「儒教はユダヤ人やキリスト教徒やピューリタンと同様に呪術の実在性を疑わなかったのだ（ニューイングランドにおいても魔女が焚き殺されたことがある）」（「儒教と道教」S. 443-444. 二六〇頁）と述べられている。注目すべきは、「ピューリタンと同様に」という箇所である。つまり、救いの手段としての呪術を徹底的に排したピューリタンも、別の面では呪術を信じていた、というのである。「儒教とピューリタニズム」では、「ピューリタンのばあいにのみ、世界の残るくまなき脱呪術化（die gänzliche Entzauberung der Welt）が徹底的に行われたといってよかろう」（S. 513. 一六八頁）という文に続いて、同様のことが述べられている。ヴェーバーは、やはり宗教の脱呪術化という文脈では、それと「世界（現世）の脱呪術化」とを同じものと捉えている、と考えるべきであろう。主知主義的合理化という意味での脱呪術化なら、そうも言いうるであろう。しかし、「呪術の実在性を疑わない」にもかかわらず、救いの手段としての呪術を徹底的に排除していれば、「世界を徹底的に脱呪術化した」ということになるであろうか。ヴェーバーの議論には、「宗教の脱呪術化」と（宗教による）「世界の脱呪術化」との混同があると考えざるをえないのである。

「倫理」論文において詳論されているように、救いの手段としての呪術を徹底的に排することは、そこで

「資本主義の精神」と呼ばれている合理的生活態度（世俗内禁欲）の形成をもたらす。「世界の徹底的な脱呪術化は、内面的に、世俗内禁欲に向かう以外、他の道を許さなかったのだ」（「倫理」S. 158, 二七九頁）。そしてそれは、「現世の合理的改造」へと向かうことになる、とされる。「儒教とピューリタニズム」において明瞭に見られるように、「宗教の合理化」が「宗教による世界（現世）の合理化」を引き起こす、という所にヴェーバーの主眼が置かれているのである。だが、脱呪術化という意味での宗教の合理化と宗教による世界の合理化とは区別されねばならないであろう。(2) さらに、「世界（現世）の合理化」が何を意味するのか、ということも明瞭には説明されていない。合理的生活態度の形成そのものを指すのか、それとも彼が研究のテーマとした西洋近代の合理化のことなのか。後者であれば、それが宗教的脱呪術化とどのように関連するのか、こうしたことを彼の議論から明瞭に読み取ることは困難である。

椨島は、脱呪術化を「唯一絶対の超越神による不可知の企図と専断に基づく救いのみを認め、人によるあらゆる呪術的な救い、具体的には特に『教会と聖礼典による救い』を否定する宗教的態度」と説明している（『社会学事典』五八九頁）。これは、宗教社会学、特に「倫理」論文における脱呪術化の解釈としては、極めて妥当である。「宗教的脱呪術化」とは「救いの手段としての呪術を排除する」こと、つまり「宗教の脱呪術化」のことである、と捉えるべきであろう。これにより、主知主義的合理化とは異なる脱呪術化のもう一つの意味が明瞭になる。

3　ヴェーバーの合理化・合理主義概念

では、この二つの脱呪術化は、合理化とどのような関係にあるのだろうか。

だが、この問いもまた困難に遭遇する。しばしば指摘されているように、ヴェーバーの「合理化」「合理主義」「合理性」という概念は非常に多義的であり、それを一義的に解釈することは困難だからである。(3)

矢野はヴェーバーの「合理化」・「合理主義」をめぐるこれまでの代表的な解釈を次の四つに分類している（『マックス・ヴェーバーの方法論的合理主義』四六-五四頁）。

1　「合理化」・「合理主義」を一方向的・特殊的にとらえる解釈（ベンディクス）
2　「合理化」・「合理主義」を一方向的・普遍的にとらえる解釈（パーソンズ）
3　「合理化」・「合理主義」を多方向的・特殊的にとらえる解釈
　　A　「合理化の段階説」（テンブルック）
　　B　「合理主義の段階説」（シュルフター）
4　「合理化」・「合理主義」を多方向的・遍在的にとらえる解釈（矢野）

1は「合理化」・「合理主義」を特定の方向性を持つものであり、しかも西洋に固有のものと捉える解釈であり、2は同様に特定の方向性を持つが、「全人類的に一般法則として働く過程」と捉えるものである。

3はヴェーバーの「合理化」・「合理主義」の概念を、経済や宗教やあるいは西洋といったある領域あるいは地域に関して用いられた限定的なものと解釈する。テンブルックは「合理化」概念に注目し、先に見たように宗教史的合理化（脱呪術化）とそれを基盤に成立する経済（資本主義）や政治（官僚制）の合理化を段階的に捉えている。シュルフターはこれに対して「合理主義」に着目し、彼の言う「現世支配の合理主義」に到る段階説を提示している。

こうした解釈に対して、矢野自身は4の立場を表明している。それは特定の方向性を持たないと共に、「それぞれの文化や社会階層において様々な『合理主義』が存在する」（五三-五四頁）、つまりそれが遍在的なものであるとする解釈である。(4)

ヴェーバーが合理化、合理主義の多義性を強調していることは確かである。この点に関してよく引用されるのは、「宗教社会学論集　序言」（以下では「序言」と略記する）の次の箇所である。「それら生の諸領域のすべてにおいては、それぞれのさまざまな究極的観点ないし目標のもとに『合理化』が進行しうるのであるが、そのばあい、一つの観点からみて『合理的』であることがらが他の観点からみれば『非合理的』であることも可能なのである。それゆえ、合理化と一口に言っても、あらゆる文化圏にわたって、生の領域がさまざまに異なるに応じてきわめて多種多様の合理化が存在したということになるであろう。」（「序言」S. 11-12, 二二-二三頁）この限りでは、合理化は矢野の言うように多方向的・遍在的であり、それがヴェーバーの基本的な立場であることも間違いあるまい。

矢野も指摘するように（『マックス・ヴェーバーの方法論的合理主義』五六頁）、ヴェーバーは「呪術の合理化」あるいは「呪術的な合理化」についても述べている。「それ自体きわめて古い経験的な知識と技術との、中国における、全ての種類の合理化は、呪術的な世界像の方向に動いてきた」（「儒教と道教」S. 481, 三二四頁）。つまり、五行陰陽とか風水といった（ヴェーバーから見れば）呪術的な思考を基盤にして、そしてその内部で合理化が行われた、というのである。(5)このことからも、脱呪術化と合理化を単純に同一視することはできない、ということが理解されるであろう。

だが、ヴェーバーが問題としたのは、「西洋文化のおびている独特な『合理主義』」(「序言」S.11, 一二頁)である。これは西洋においてのみ存在するものであり、その意味で、遍在的ではありえない。矢野の分類における1〜3の解釈は、こちらに注目したものだと言えるであろう。

ヴェーバーは例えば「倫理」論文において、「資本主義の精神」と名付けられた合理的生活態度が、「個人の幸福の立場からみるとまったく非合理的」であると述べている(「倫理」S.54, 八〇頁)。ここにおいても、ある事柄が合理的であるか非合理的であるかは観点によるのだ、という「序言」の立場が貫かれているようにも見える。だが、合理的か非合理的かの判断が価値観点次第であるということと、合理化の多方向性・遍在性とは区別されなければならない。別の立場からは非合理的と捉えられることがありうるとしても、彼自身はその生活態度を「合理的」なものと規定し、西洋独特の合理主義の重要な構成要素と考えているのである。

ヴェーバーの合理化・合理主義といった概念は、層をなすものと解釈せねばならないのではないか。基本的な立場としては、矢野の解釈のようにそれらを多方向的・遍在的と捉えている。「あらゆる文化圏にわたって、……きわめて多種多様の合理化が存在」するのである。だが、彼が探究のテーマとしたのはあらゆる文化圏の合理化ではなく、またさまざまな合理化の一つとしての西洋の合理化・合理主義でもなかった。西洋の合理化・合理主義は「独特」のものであり、「普遍的な意義」を持つものなのである(「序言」S.1, 五頁)。極言するなら、他の文化圏や近代以前の文化はそれと比較・対照するために、あるいはその「前史」として取り上げられているに過ぎない、とも言える。

つまり、「あらゆる文化圏にわたる多種多様な合理化」という基層の上に、「西洋独特の合理化・合理主義」という層が乗っているのであり、どちらについて論じているかによって、合理性・合理化・合理主義という概念の意味合いが異なってくる、と考えなければならない。基層においては合理化は多方向的・遍在的であるが、第二の層においては、少なくとも遍在的ではありえないのである。

さらに、「西洋独特の合理主義」がどのようなものであるかを明確に説明していないことも、ヴェーバーの合理化・合理主義といった概念の解釈を困難なものにしている。「序言」において彼は、「普遍的な意義と妥当性をもつ……文化的諸現象」として、科学、芸術、官僚制、資本主義などを挙げている。これらが「西洋独特の合理主義」の現れであろうことは読み取れるが、それらがどのような意味において合理的なのかということは説明されていないし、それらに共通する性質を読み取ることも難しい。さらに彼は、対象とする領域によってさまざまに異なった合理化・合理主義の概念を用いている。執筆の時期の違いによるのか、「形式合理性」と「実質合理性」のように、同じ用語が異なった意味で用いられることもある。(6)

つまるところ「西洋独特の合理主義」は、彼の生涯を掛けての究明の対象であり、彼はその研究の途中で亡くなってしまったということであろう。しかも彼は、最初に理論的仮説を立て、それに基づいて事象を考察する、という方法をとっていない。多様な事象の中に、いわば素手で飛び込み、そこから何らかの合理化・合理主義の特徴や方向を探り出そうとしているように思える。(7)

だが、彼の考察方法には一つの特徴が見られる。「目的合理性」と「価値合理性」(「社会学の根本概念」)、「目的合理性」と「整合合理性」(「理解社会学のカテゴリー」)、「形式合理性」と「実質合理性」(「法社会学」および「経済行為の社会学的基礎範疇」）、そして「理論的合理性」と「実践的合理性」（「世界宗教の経済倫理　序論」）といった対になる合理性概念が用いられている、ということである。このことは、ヴェーバーが一つの対象領域においてもただ一つの合理性が存在するわけではない、と考えていることを意味している。社会的行為、法、経済といった領域においても複数の（少なくとも二つの）合理性が働いており、それらが対立したり、協力し合ったりしながら、西洋の合理化が進んできたと捉えられているのである。

4　合理主義と伝統主義

だが、これら全ての領域において、ヴェーバーが合理主義・合理化を多方向的・遍在的に捉えているかと言えば、決してそうではない。

「倫理」論文において、「資本主義の精神」の闘争の敵は「伝統主義とも名づくべき感覚と行動の様式であった」と述べられている（「倫理」S. 43, 六三頁）。伝統主義とは「日常的な慣習を犯すべからざる行為の規範とするような心的態度および信仰」のことであるが（「序論」S. 269, 八七頁）、社会的行為の類型としても、「伝統的行為」は「目的合理的行為」および「価値合理的行為」と対比され、特に「目的合理的行為」と対立するものと捉えられている。「目的合理的に行為する人間というのは、……、どんな場合にも、感情的（特に、エモーショナル）あるいは伝統的に行為することのない人間のことである」（「根本概念」S. 13, 四一頁）。

また、支配の類型においても「伝統的支配」は「合法的支配」に対比される。合法的支配の典型とされる官僚制は、事象性（Sachlichkeit）と非人格性（Unpersönlichkeit）を特徴とする、「支配の行使の形式的には最も合理的な形態」であり（「諸類型」S. 128. 二六頁）、「人のいかんを問わず」、定められた規則に従った、極めて能率的な職務執行を可能とする。

これに対して、一切の伝統的支配に共通するのは、「厳格に伝統に拘束された行為領域と自由な行為領域とが併存している」ということである。「形式的な法」が存在しないため、「法的には非形式的で非合理的な・個々のケースについての衡平や正義の見地にしたがって、しかも『人のいかんをも考慮に入れて』」統治・決定が行われる（「支配Ｉ」四二-四三頁）。「序論」でもほぼ同様のことが述べられている。「家父長制的支配」の特質として「絶対的に神聖なものと見なされるがゆえに犯すことのできない規範の体系」とならんで「支配者の思うがままの恣意と恩恵の働く領域」がある（「序論」S. 270. 八八頁）。後者においては、「原理上『事象的（sachlich）』な関係ではなく、もっぱら『人格的（persönlich）』な関係によって評価が行われるのであって、この意味で『非合理的』である」（同）。

合理化・合理主義が遍在的であるという見方からすれば、伝統主義にもある種の合理性が備わっているということになるであろう。実際、ヴェーバーは前近代の伝統主義的社会にも実践的合理性や法の実質合理性が見られる、という趣旨の議論をしている。だが、彼の主題はそこにはなく、あくまで西洋近代の合理主義が問題とされているのである。

行為の類型は時代とは無関係なものとして設定されている(8)。つまり、目的合理的行為も伝統的行為もいつの時代にもありえたものなのである。だが、合法的支配や伝統主義的な経済倫理に対する「資本主義の精神」は、明らかに近代西洋に固有のものとされている。つまりヴェーバーは、伝統主義的前近代から合理主義的近代へという流れで西洋を捉えているのであり、これは明らかに方向性を持った歴史認識だと言える。西洋においてのみ「現世の合理的改造」が成し遂げられ、「独特の合理主義」が生まれえたというのが彼の認識であり、その原因を解明すると共に、それがもたらした事態を考察することが彼の研究の主題だったのである。

そしてヴェーバーは、伝統主義の根強さに注意を向けている。「人は『生まれながらに』できるだけ多くの貨幣を得ようと願うものではなくて、むしろ簡素に生活する、つまり、習慣としてきた生活をつづけ、それに必要なものを手に入れることだけを願うにすぎない」（「倫理」S. 44. 六五頁）。この態度が打ち破られない限り、「労働を自己目的、すなわち天職（Beruf）と考えるべきだ」（S. 47. 六八頁）というような考え方が受け入れられることはない。行為一般に関しても次のように言われている。「現実の行為の多くは、その主観的意味をまったく意識せず、あるいは、曖昧に半ば意識して行われる。行為者は、意味を知っている、自覚しているというより、漠然と感じているもので、大抵は、衝動的あるいは習慣的に行為するものである」（「根本概念」S. 10. 三四頁）。

伝統主義を打ち破るためには「人間を『内部から』革命」するカリスマの力が必要である。そして、ヴェーバーはカリスマ的支配を非合理的なものと見なしている。つまり、伝統主義から合理主義への移行は伝統主義に含まれる要素の展開によって自然に生じるものではなく、ある種の非合理的なインパクトを必要とするのである。「倫理」論文において、「資本主義の精神」が非合理性を含んでいる、ということが繰り返し指摘されている。「この場合、とくにわれわれの興味を惹くのは、このBeruf概念のうちに、……存在する、この非合理的要素はどこからきたのか、ということなのだ」（「倫理」S. 62. 九四頁）。「儒教とピューリタニズム」では、「儒教の倫理も、ピューリタニズムの倫理も、ともに深い非合理的な根底をもっていた。が、それは前者においては呪術、後者においては現世を超越する神のどこまでも究めがたい決断、であった」と述べられている（「儒教」S. 527, 一九二頁）。Beruf概念やピューリタニズムの倫理が含む非合理性は、カリスマの非合理的な力に源を持つものと考えられるであろう。

だが、生活態度の変革はカリスマの非合理的な力によってのみ引き起こされるのではない。「人間を『内部から』革命」するカリスマの力と並んで、官僚制的合理化も「伝統に対する第一級の革命力たりうる」のである（「支配Ⅱ」S. 657, 四一一頁）。それは「『外部から』技術的手段によってまず事物や秩序を革命し、次いで人間を革命する」（同）。そして、官僚制的合理化の基盤をなすのは、形式的な法の支配であり、法の形式合理化である。

内部からの革命は、自律的人格を、つまり主体的人間を生み出す。ヴェーバーは、キリスト教的禁欲は「形式的・心理的な意味における『人格』に人間を教育」したのだ、と述べている（「倫理」S. 117, 二〇二頁）。「全人格の組織的な把握」によって「現世にうちかっていく強力な力」が生まれる（同）。これが、根深い伝統主義の呪縛を打ち破って現世の合理的改造を成し遂げると共に、「世界にたいして意識的に態度を決め、それに意味を与える能力と意思とをそなえた文化人」（「客観性」S. 180, 九三頁）を可能とするのである。

だが、官僚制的合理化あるいは形式的な法の支配は、個々人の主体性・能動性との衝突を生じさせる。制度の合理化と生活態度の合理化は、矛盾・対立することも少なくないのである。ヴェーバーは時にこれを形式合理性と実質合理性の対立と見なしている（「諸類型」S. 129, 二九頁）。「責任倫理」と「信条（心情）倫理」との対立も、倫理面におけるこの対立の表れだと考えられよう。合理化がもたらしたこのような状況は、彼が近代の内に見出した最大の問題であった(9)。

5　脱呪術化の意味（1）

さて、合理化・合理主義概念についての以上のような解釈に照らして考えたとき、脱呪術化はどのように解釈できるであろうか。

「儒教とピューリタニズム」においては、「呪術から帰結するものは伝統の不可侵という事実」だとされ（「儒教」S. 527. 一九二頁）、脱呪術化は伝統主義の克服と結び付けられている。だが、すでに指摘したように、伝統主義を打ち破り、「現世の合理的改造」に導くということは、宗教による世界の合理化であって、宗教自体の合理化ではない。「救いの手段としての呪術を排除」することが、宗教の脱呪術化の意味であり、それが宗教の合理化の一つの規準になるとすれば、そこで問題とされるべきは、宗教自体の性格でなければならない。つまり、脱呪術化することにより、宗教自身がどう変化するのか、ということである。

『岩波　哲学・思想事典』において中野は、呪術を「神強制」、宗教を「神奉仕」と捉え、「神強制」から「神奉仕」への移行が、「『呪術』から『宗教』への移行であり、本来はこのプロセスが脱呪術化と呼ばれるものである」と説明している（一〇三四頁）。この解釈は、『経済と社会』の中の「宗教社会学」における論述に基づいているようであり、そこでは「脱呪術化」という語は用いられてはいない。

だが、「救いの手段としての呪術を排除する」ということをもう少し広く捉えれば、それは宗教から呪術的要素を排除するということになる。実際、ヴェーバー自身、「儒教とピューリタニズム」の中で、宗教の合理化の一つの規準は「宗教がどこまで呪術を払拭しているか」ということだと述べていた。とすれば、文字どおり呪術から抜け出し、宗教の原理が宗教の原理として確立される、ということこそ宗教の脱呪術化の意味だ、という解釈は十分に成り立ちうるものである。

ところで、ヴェーバーは「統一的な原始的世界像のなかでは、すべてが具体的な呪術である」と述べている（「序論」S. 254. 六〇頁）。とすれば、ひとり宗教のみならず、原始的世界において呪術に埋もれていた、あるいは呪術と分かちがたく結び付いていたさまざまな文化の領域（あるいは生の領域）が呪術から脱していくことも脱呪術化だと考えることができる。

ヴェーバーは「法社会学」の中で、原始段階にあっては呪術と結び付いていた法が固有の原理に基づいて発展していく過程を追っている。

原始的社会においては、「呪術が、紛争のあらゆる解決に、また新たな規範のあらゆる創造に介在している」（「法」S. 446. 二八七頁）。始原的には法は呪術と混在したものだったとされているのである。法は、「原始的な訴訟における・呪術に由来する形式主義と啓示に由来する非合理性との結合形態から、時としては神政政治や家産制に由来する実質的で非形式的な目的合理性の迂路を経て、ますます専門化してゆく法学的な――したがって論理的な――合理性と体系化との段階に、それ故にまた、……法の論理的な純化と演繹的な厳格さとがますます強化され・訴訟の技術がますます合理化される段階に到達する」（S. 504. 五〇九頁）。呪術的観念の内に閉じこめられていた法は、実質合理性の迂路を経て、西洋においては法の原理を貫徹する形式合理性へと発展してきたのである。(10)

始原的な世界では、全ては呪術の内に含まれていた、あるいは呪術と分かちがたく結びついていたとするなら、宗教や法だけでなく、全ての文化領域がそこから固有の論理を持って自立してきたと考えることはそれほど的外れではあるまい。念のために断っておくが、ヴェーバーが実際にそのように述べている、と言っているわけではない。ヴェーバー自身明確には意識してはいないが、そのような見方が彼の考察の背後に存在するのではないか、ということである。「序言」の「生の領域がさまざまに異なるに応じてきわめて多種多様の合理化が存在した」という言葉も、こういう意味だと解釈すれば、具体性を持つ。

文化の諸領域がそれぞれ独自の論理で自立し、それを生み出した主体である生に対立し、生を束縛するようになる、というジンメルの「文化の悲劇」に代表される考えはヴェーバー当時のドイツで強い影響をもっていた（Marx in der Wissenssoziologie S.9.）。「歴史主義の子」としてのヴェーバーがそれに影響を受けていたと考えることはむしろ自然であろう。「価値の多神教」、「神々の闘争」という彼の時代認識もこうした考え方の延長線上に位置付けることができる。

6　脱呪術化の意味（2）

主知主義的合理化という意味での脱呪術化も同様に捉えられるであろうか。

主知主義的合理化とは、「それを欲しさえすれば、どんなことでもつねに学び知ることができるということ、したがってそこにはなにか神秘的な、予測しえない力がはたらいている道理がないということ、むしろすべてのことがらは原則上予測によって意のままになるということ、このことを知っている、あるいは信じているということ」だと言われている（「学問」S.536. 三三頁）。したがって「こんにち、われわれはもはやこうした神秘的な力を信じた未開人のように呪術に訴えて精霊を鎮めたり、祈ったりする必要はない。技術と予測がそのかわりをつとめるのである」(同)。

「職業としての学問」においては、このように呪術的思考と近代的な科学・技術が対照的に捉えられており、この限りでは、呪術的世界から科学がそれ自身の論理によって自立してきた――つまり、宗教や法と同じ過程を科学もたどった――、とも解釈できる。だが、ヴェーバーが問題としたのは、呪術と科学の対立よりも宗教と科学の対立であった。

宗教は世界を「神が秩序をあたえた、したがって、何らかの倫理的意味をおびる方向づけをもつ世界」(「中間考察」S. 564, 一四七頁)と解釈するが、科学はそれを「自然因果律」の支配する世界とみなし(S. 569, 一五七頁)、「原理的に、およそ現世内における事象の意味を問うというような物の見方をすべて拒否する、といった態度を生みだす(S. 564, 一四七頁)。そして、「経験科学の合理主義が増大するにつれて、宗教はますます合理的なものの領域から非合理的なものの領域に追い込まれていく」(S. 564, 一四八頁)。ヴェーバーによれば、宗教は「不合理なるがゆえに我は信ず」という態度を本質的特徴とし、「知性の犠牲(Opfer des Intellekts)」を要求するのである(「学問」S. 533, 七〇頁)。

ヴェーバーは、このように近代の科学的思考を呪術だけでなく、宗教とも根本的に対立するものだと捉えている。とすれば、世界像(=世界の捉え方)という面では、呪術から科学へではなく、呪術的世界像→宗教的世界像→科学的世界像という三段階で捉えられている、と考えねばならない。つまり、主知主義的合理化という意味での脱呪術化は、文化諸領域の自立ではなく、世界像の変化に関わるものだと解釈すべきなのである。

『宗教社会学』において呪術的世界は次のように捉えられている。

まず、プレ・アニミズム的自然主義（präanimistischer Naturalismus）から象徴主義（Symbolismus）への移行がなされ、世界が二元論的に捉えられるようになる。呪術（Zauber, Magie）は「一種の象徴機構（Symbolik）」（S. 248. 一〇頁）なのであり、ここに霊魂（Seele）、デーモン（Dämon）、神々（Götter）らの国が生まれる。「この国は、日常的感覚ではとらえられず、普通はただ象徴や意義（Bedeutung）を媒介にしてのみ到達できる背後世界的な存在（hinterweltliches Dasein）」である（S. 248. 一一頁）。「現実の事物や現象の背後に、さらにそれとは別の本来的な霊的性質のものがひそんでいて、現実の事物や現象はそれの兆候か象徴であるにすぎない」と考えられるようになる（同）。つまり、現実的な世界と「超感性的な（übersinnlich）」存在の世界、という二元論的世界像が成り立つのである。このように、呪術的世界も一つの世界像を持つのである。そして「これらの兆候や象徴にではなくて、それらのなかに表現されている力そのものに影響を及ぼすことが試みられねばならない」（同）。「神強制（Gotteszwang）」とは、「超感性的な力」を呪術によって強制することであり、先の中野の説明にあるように、これが呪術的世界の特徴なのである。

「宗教」は同様に「超感性的」で「象徴主義的」世界を持ちつつ、「神強制」ではなく、「神礼拝（gottesdienst）」（中野は「神奉仕」としている）を本質的な特徴とする。呪術的世界の神々に対する「擬人化と機能限定の過程」が生じ（S. 251. 一九頁）、擬人化の過程が進むにつれ、神々は強大な力をもつ地上の君主と同様強大な存在者と考えられるようになる。「こうして『神礼拝』の必然性が生まれてくるのである」（S. 258. 三六頁）。

ここから神が定めた秩序に対する違反としての宗教的な罪の観念および救済の観念が生じる。特に重要なのは「苦難の神義論（Theodizee des Leidens）」（「序論」S. 244, 四五頁）である。何故神はこのような苦難に満ちた世界を作りたもうたのか、という問いに合理的な説明が与えられる必要が出てくるのである。ヴェーバーによれば、これに対して首尾一貫した説明を与えている神義論は「インドの業の教説、ゾロアスター教の二元論、および隠れたる神の預定説」の三つしかない（S. 246-247, 四八-四九頁）。ともあれ、こうした過程の内で、この世界は「神が秩序をあたえた、したがって、何らかの倫理的意味をおびる方向づけをもつ世界」だという世界像が出来上がっていくのである。

これに対して、科学的世界像は世界を自然因果律のみの支配する世界として、つまり一元論的に捉えていることになる。経験科学の発展により、「技術と予測」による現実支配の可能性は大いに高まった。しかし「価値自由」の主張に示されているように、「経験的実在の思考による整序」をこととする経験科学は意味問題に答えることはできない。科学が宗教を非合理的なものの領域に追いやったことから生じる「世界の意味喪失（Sinnlosigkeit）」もヴェーバーにとって、近代の抱える大きな困難であったのである。

ヴェーバーは、宗教の脱呪術化も主知主義的合理化としての脱呪術化も合理化の一部をなすものだと述べている。だが、これまで見てきたような脱呪術化の解釈からは、合理化や合理主義概念そのものの考察からは見えにくい彼の歴史観が現れてくる。そこから逆に、彼の合理化・合理主義概念を新たに解釈する可能性も開けるであろう。

また、日本で一九八〇年代に見られた呪術性の強い新宗教の勢力拡大や、世界的に見られる宗教的原理主義の復興などは「再呪術化」と捉えうるかもしれない。我々は、ヴェーバーとは異なった問題状況に直面しているのである。

注

（1）Entzauberungは、「脱魔術化」とか「魔術（魔法）からの解放」と訳されることも多いが、本書では「脱呪術化」と訳すことにする。その理由は以下の論述の中で明らかとなるであろう。また、Magie および Zauber も基本的には「呪術」と訳す。

（2）この点に関しては、拙稿「『儒教とピューリタニズム』における脱呪術化概念」（本書第8章）を参照のこと。

（3）本章では「合理化」、「合理主義」、「合理性」の意味の差異は問題とせず、同一系統の語として扱う。ただ、ヴェーバーは「合理的でなく、しかも『合理主義的』な（nicht rational und doch "rationalistisch"）・厳格に伝統に拘束された・経験的裁判の典型的な例は、タルムードにおけるラビの解答である。」（「支配Ⅰ」S. 564. 九七頁）というような言い方もしていることには注意しておくべきであろう。

（4）矢野以上に詳細にこれまでの「合理性」概念の解釈を整理、検討したものとして、嘉目克彦、「『合理化』と『合理性』」、『ヴェーバーと近代文化人の悲劇』、恒星社厚生閣、二〇〇一年、がある。

（5）ヴェーバーは「合理的な呪術（rationaler Zauber）」（「宗教」S. 246. 六頁）という言い方もしており、また、「宗教的ないし呪術的に動機づけられた行為は、他ならぬこの原初的に素朴な形態において、少なくとも相対的な意味では合理的な行為である。たとえそれが、必ずしも手段と目的という関連に沿った合理的行為ではないとしても、やはり経験から得られた規則にのっとったものなのである。」と述べている（S. 245. 三－四頁）。

（6）「法社会学」と「経済行為の社会学的基礎範疇」では両概念の意味が異なり、そのため前者では両者は決して一致することはないとされるが、後者では理論的には一致し、経験的にも一致しているとされている。

（7）これは「方法論的個体主義」という彼の立場からは、制度の合理化を理論的に考察することが困難であるという事情によるのであろう。

（8）「たとえば、呪術的な諸観念を基準にして行われる行為は、何らかの呪術的でない『宗教的』行為よりは、主観的にはしばしばはるかに目的合理的な性格をもっている」（「理解」S. 433, 二三頁）。
（9）拙稿「ヴェーバーと官僚制」（本書第7章）参照。
（10）「法社会学」における「形式合理性」「実質合理性」の解釈については、拙稿「『法社会学』における形式合理性と実質合理性」（本書第6章）参照。

参考文献

千葉芳夫「ヴェーバーと官僚制」、『社会学部論集』第五四号、佛教大学社会学部、二〇一二年。

千葉芳夫「『儒教とピューリタニズム』における脱呪術化概念」、『社会学部論集』第五七号、佛教大学社会学部、二〇一三年。

千葉芳夫「『法社会学』における形式合理性と実質合理性」、『社会学部論集』第四三号、佛教大学社会学部、二〇〇六年。

廣松渉ほか編『岩波　哲学・思想事典』、岩波書店、一九九八年。

Lenk, K., *Marx in der Wissenssoziologie*, Luchterhand, 1972.

カール・レヴィット、柴田治三郎・脇圭平・安藤英治訳『ウェーバーとマルクス』、未來社、一九六六年。

見田宗介・栗原彬・田中義久編『社会学事典』、弘文堂、一九八八年。

Swedberg, R., *The Max Weber Dictionary*, Stanford University Press, 2005.

フリードリッヒ・H・テンブルック、住谷一彦・小林純・山田正範訳『マックス・ヴェーバーの業績』、未來社、一九九七年。

矢野義郎『マックス・ヴェーバーの方法論的合理主義』、創文社、二〇〇三年。

第10章　脱呪術化と意味喪失

はじめに

ヴェーバーの「脱呪術化（Entzauberung）」概念には、主知主義的合理化と宗教の脱呪術化（＝救いの手段としての呪術の排除）という二つの異なった意味がある。筆者はこれまでに脱呪術化と合理化との概念上の差異や宗教的脱呪術化と合理化との関連について考察してきたが[1]、本章では「意味喪失（Sinnlosigkeit）」と脱呪術化との関係を考察する。

1　主知主義的合理化と意味喪失

意味喪失がテーマ的に論じられるのは「世界宗教の経済倫理　中間考察」においてである。そこでヴェーバーは、経済、政治、芸術、性愛、科学（合理的認識）という生の諸領域と宗教との関係を考察している。

そして、宗教との緊張関係が「究極において最大かつもっとも原理的な意義をもつ」のが科学〈合理的認識〉だと述べている（「中間考察」S. 564, 一四七頁）。

「合理的・経験的認識が世界を脱呪術化して、因果的メカニズムへの世界の変容を徹底的になしとげてしまうと、現世は神が秩序をあたえた、したがって、倫理的な意味をおびる方向づけをもつ世界だ、といった倫理的要請から発する諸要求との緊張関係はいよいよ決定的となってくる。なぜなら、経験的でかつ数学による方向づけをあたえられているような世界の見方は、原理的に、およそ現世内における事象の『意味』を問うというような物の見方をすべて拒否する、といった態度を生みだしてくるからである。」（S. 564, 一四七－一四八頁）

宗教の世界解釈では、世界の諸事象には倫理的な意味があるとされるのに対して、近代の経験科学的認識においては、こうした見方は否定される。つまり、経験科学によって世界は「脱呪術化」され、意味を持たない因果的メカニズムの世界として捉えられることになる。脱呪術化された現代は、「神もなく予言者もいない時代」なのである（「学問」S. 552, 六七頁）。

だが、宗教が力を失ったからといって、そこからただちに意味喪失が生じるわけではない。それはかえって、主体的な意味付与を可能ならしめる契機ともなるのである。姜が言うように「近代西洋の〈合理化〉の精神構造が、究極的な価値や生の意義を自律的に選択し、自己責任を負う能動的な価値主体の可能性をもたらした」のである（『マックス・ウェーバーと近代』八頁）。

経験科学的認識によって、「世界に起こる出来事が、いかに完全に研究され尽くしても、そこからその出来事の意味を読み取ることはできず、かえって意味そのものを創造することができなければならない」のであり、近代人は「世界にたいして意識的に態度を決め、それに意味を与える能力と意思とをそなえた文化人（Kulturmensch）」であることを要請される（「客観性」S. 180, 九三頁）。この場合、「われわれの生に意味と意義とを与える」のは、「あの『人格』内奥の要素、すなわち最高かつ究極の価値判断」（S. 152, 三六頁）である。

しかし、「ひたすら文化人へと現世内的に自己完成をとげていくことの意味喪失、言いかえれば、『文化』がそこに還元されうるかにみえていた究極的価値の意味が失われてしまったことは、宗教的思考からすれば明白に死が意味を失ってしまうということから帰結したのであって、死の意味喪失こそが、ほかならぬ『文化』という諸条件のもとにおいて、生の意味喪失を決定的に前面に押し出したのだということとなる」（「中間考察」S. 569, 一五七頁）。「このように見てくると、『文化』なるものはすべて、自然的生活の有機体的循環から人間が抜け出ていくことであって、そして、まさしくそうであるがゆえに、一歩一歩とますます破滅的な意味喪失へと導かれていく」（S. 570, 一五八頁）。

「価値自由（Wertfreiheit）」の主張に見られるような経験科学観および「神々の闘争」、「価値の多神教」というヴェーバーの特徴的な考え方からすれば、このような結論に到るのは無理のないことと言えよう。近代の経験科学は意味を教えることはできず、また個人の決断によって選び取られた意味は、かつて宗教が与えたような確実な根拠を持つことはできない。

このように近代経験科学が意味喪失をもたらすことは理解しやすいことであろう。だが、本章で考察したいのは、むしろ宗教の脱呪術化と意味喪失との関係である。

2　宗教の脱呪術化と意味喪失

（1）カルヴィニズム・ピューリタニズムにおける生の意味

前節で述べたように、ヴェーバーは主知主義的合理化との関連で意味喪失に言及しており、近代科学的認識によって宗教の力が失われたことを意味喪失の根本的な原因と考えている。確かに、一般的に言えば、宗教は世界を意味に満ちたものと解釈するものだと思われる。だが、彼が西洋の合理化との関連で着目したカルヴィニズム・ピューリタニズムにおいては、その意味付けは極めて特異なものである。というのは、それは現世を徹底的に無価値なものとみなすからである。

ヴェーバーはカルヴィニズムを、「一切の被造物は神から完全に隔絶し無価値であるとの峻厳な教説」（「倫理」S. 95, 一五七頁）だと述べている。カルヴィニズム・ピューリタニズムにおいては、現世は「罪の容器」であり、「被造物的に堕落し倫理的に非合理的な」世界とみなされる（「儒教」S. 525, 一八八頁、S. 527, 一九二頁）。

予定説で知られるカルヴァンは、「われわれの個人的運命のもつ意味は見るべからざる神秘に蔽われており、それを究めようとするのは不可能でもあるし、身の程を知らぬことでもある」と考えた（「倫理」S. 93, 一五三頁）。ここにおいて、神は旧約の「人間的に理解しやすい天の父」から「人間の理解を絶する超越的存在」へと変化している（S. 93, 一五三–一五四頁）。カルヴィニズムにおける神は「隠れた神」、「怒れる神」となるのである。

人間は神の栄光を現世に示すための「道具（Werkzeug）」と意味付けられる。カルヴァンの本来の教えとは異なるが、信者たちにとっては、神から与えられた使命＝職業労働（Beruf）に専念することが、あるいは専念できていることが、救いに予定されていることの証しとなる。[2]「宗教的達人が神の『道具』として現世に入りこみ、しかも、彼らからはあらゆる呪術的な救済手段がとり去られていて、そのために、現世の秩序の内部における自己の行為が倫理的にすぐれていることで、いや、それだけで、自分自身がすでに召されて救済の状態にあることを神の前に――つまり、事実に即していえば、自分自身の前に――『証し』しなければならぬ、そういったばあいには、『現世』そのものは、被造物的でありまた罪の容器であるとして宗教的に価値を低められ拒否されてはいるとしても、心理的には、そのことによってかえって、現世におけるBerufというかたちで神の欲したまう活動をおこなう、そのような舞台としてますます肯定されることになるだけであったろう」（「序論」S. 263. 七六―七七頁）。

こうして、「世界の脱呪術化および、救済への道を瞑想的な『現世逃避』から行動的・禁欲的な『現世改造』へと切りかえること、この二つが残りなく達成されたのは……ただ西洋の禁欲的プロテスタンティズムにおける教会および信団の壮大な形成のばあいだけであった」とヴェーバーは指摘する（S. 263. 七六頁）。西洋においてのみ世俗の合理化が行われたのであり、その（少なくとも一つの）大きな要因がカルヴィニズム・ピューリタニズムという宗教であった、というのが彼の歴史認識の骨子である。

だが、「人間のために神があるのではなくて、神のために人間が存在する」（「倫理」S. 92. 一五二頁）とするカルヴァンの思想に発する「意味」は、極めて限定的、否定的なものである。現世は無価値な「罪の容器」であり、人間は神の栄光を現世に現すための「道具」としての意味をかろうじて持つに過ぎない。これも、一つの意味とは言えるであろうが、世界に存在するもの全てに何らかの意味があるというような豊饒さはそこには全く欠けている。つまり、カルヴィニズム・ピューリタニズムは宗教でありながらも、「意味喪失」に向かって大きな一歩を踏み出したものだと言えるであろう。

ヴェーバーはカルヴィニズムの特徴を脱呪術化に求めている。カルヴィニズムにおいて、「世界の脱呪術化という宗教史上のあの偉大な過程……は、完結をみたのだった」（S. 94-95. 一五七頁）。ここで、ヴェーバーは「世界の脱呪術化」という語を用いているが、それは「救いの手段としての呪術を排除すること（die "Entzauberung" der Welt: die Ausschaltung der Magie als Heilsmittel）」（S. 114. 一九六頁）、特に教会や聖礼典による救済の否定を意味するのであり、正確には「宗教の脱呪術化」と言うべきものである[3]。

聖礼典を含む呪術的救済手段が完全に排除されたならば、神から与えられた使命（Beruf）の遂行による救済だけが唯一の方法となる。こうして彼が「資本主義の精神」と呼ぶ「合理的生活態度」=「世俗内禁欲」が形成され、世俗の世界の合理的改造が行われることになる。近代西欧には「独特の合理主義」が誕生したのであり、宗教が脱呪術化されなかった他の地域では、「合理的生活態度」も合理的な「近代資本主義」も生まれることはなかった。このように、世界の合理化についてのヴェーバーの考察において、宗教の脱呪術化は中心的な位置を占めているのである。

だがその一方で、宗教の脱呪術化が意味の豊饒さを奪い、極めて限定的で特異な生の意味のみを認めることによって全面的な意味喪失の一歩手前まで進んだのだ、とも言えるであろう。そして近代科学による脱呪術化が最後の一歩を進めたのである。

（2）世界の事象化（Versachlichung）と人間的関係・感情の否定

こうしてカルヴィニスト・ピューリタンは、神に与えられた使命として職業労働に専念することになるのであるが、ヴェーバーはその職業労働の「事象性」に注目している。そこでは、「被造物的使命の事象化（Versachlichung der kreatürlichen Aufgaben）」が起こり、彼らの活動は、「事象的な職業労働（sachlicher Berufsarbeit）」、「事象的使命（経営）（sachliche Aufgaben（Betriebe））」となる（「儒教」S. 522-523, 一八四-一八五頁）。「事象的（sachlich）」という語は官僚制論でも「非人格的（unpersönlich）」という語と共によく使用されるが、「倫理」論文では、カルヴィニズムにおける労働の「特有の事象的・非人格的性格」が、「われわれを取り巻く社会的世界の合理的編成に役立つべきものという性格」（「倫理」S. 101, 一六六頁）と説明されている。「この社会的秩序の構成と編成はおどろくほど合目的的であって……、それが人類（Menschengeschlecht）の『実益』のために役立つようにでき上がっていることは明瞭だから、この非人格的、社会的実益に役立つ労働こそが神の栄光を増し、聖意に適うもの」と考えられたのである（S. 101, 一六六-一六七頁）。「人類」という言い方に示されているように、彼らの労働は、神に命じられた、神の栄光を増すためのものであり、自分であれ、他者であれ、特定の「人間」の実益のためのものではない。そのような労働は被造物神化の罪とみなされる。

労働の有益さの規準として、第一に「道徳的規準」、第二に「生産する財の全体に対する重要度」、そして第三に「私経済的収益性」が挙げられるようになり、実際的には最後の規準が最も重要と考えられるようになる（S. 175, 三一〇頁）。「神の道具」として職業労働に打ち込んだカルヴィニスト・ピューリタンは、こうして「『営利機械（Erwerbsmaschine）』として財産に奉仕する者」へと変貌していく（S. 189, 三三九頁）。「神の道具」という人間観は、このような職業労働の事象化・非人格化を帰結するのである。「神の道具」という人間観と被造物神化の拒否とは、表裏一体の関係にある。「人間のために神があるのではなくて、神のために人間が存在する」のだから、人間は「神のみを思わ」なければならないのであって、自分であれ他者であれ、人間を思うことは「被造物神化」として忌避されることになる。「ピューリタニズムの倫理にとってはこうした純粋に人間的な関係は……何といっても被造物的であるがゆえに、あくまで信をおきがたいものであった。彼らにとっては、いかなるばあいにも、神との関係がすべてに優先した。人間との関係は、もしそれ自体としてあまりにも密接になるばあいには、被造物神化として無条件に避けるべきものであった」(「儒教」S. 527. 一九三頁)。

「倫理」論文においては、「イギリスのピューリタニズムの諸著作がしばしば、人間の援助や人間の友情に一切信頼をおかないよう訓戒している顕著な事実」が指摘され、「穏健なバックスターでさえ、もっとも近しい友人に対しても深い不信頼をもつことをすすめ、ベイリーはあからさまに、誰も信頼せず、迷惑のかかるようなことは誰にも言わないのがよい、神だけが信頼しうるかただ、と説いている」ことが例として挙げられている(「倫理」S. 96. 一五八頁)。このように、カルヴィニズム・ピューリタニズムにおいて、『隣人』との関係における『人間性(Menschlichkeit)』はいわば死滅しさった」(S. 101. 一七一頁)のである。

ヴェーバーは、ピューリタニズムの「巨大な業績」として、氏族や家族といった血縁的紐帯の破壊を挙げている(「儒教」S. 523. 一八五頁)。「自然な」人間的・人格的関係を徹底的に排除することは、彼らの事象的な職業労働の前提ともなっている。そして、彼らの事象性・非人格性は近代資本主義のみならず、近代西洋の「合理的な法と合理的な団体とをつくりだしたのである」(S. 528. 一九四頁)。

しかし彼はまた、カルヴィニズムについて、「この悲愴な非人間性をおびる教説が、その壮大な帰結に身をゆだねた世代の心に与えずにはおかなかった結果は、何よりもまず、個々人のかつてみない内面的孤独化の感情だった」（「倫理」S.93. 一五六頁）と述べている。カルヴィニスト・ピューリタンは、教会による救済を否定され、また他者との「自然な」人間的関係をも拒否せざるをえなかったのである。

第一節で言及した「文化人」＝「近代的主体」をヴェーバーは孤立した個人とみなしている。孤立した個人にとって生の意味が不確かなものになる、ということはデュルケムがエゴイスムとして論じた問題である。周知のようにデュルケムは自殺を三類型に分けて考察したのだが、その内の「エゴイスム的自殺」は、個人が社会と切り離されることにより、生の意味を見失ったことによって起こる自殺とされている。これをヴェーバーの議論に重ねれば、近代人は宗教という意味の根拠を失い、さらに孤立した個となるという二重の意味において意味喪失の危機に直面していることになる。そして、ヴェーバーの論旨に従えば、個人の徹底的な孤立をもたらしたのもカルヴィニズム・ピューリタニズムであったということである。

ヴェーバーが「反同胞倫理的」であり、「本来の救いの宗教ではない」とまで述べている（「中間考察」S. 546. 一一六頁）この特異な宗教は、世界の意味をも人間の人格的関係をも限りなく縮小し、貧困化させることによって、決定的な意味喪失を準備したと言えよう。

3　宗教の脱呪術化の意義

「脱呪術化」という観点は、ヴェーバーが西洋の宗教史を古代ユダヤ教にまで遡って得たものである。テンブルックが指摘しているように、「倫理」論文が最初に発表された時（一九〇四〜〇五）には、「脱呪術化」という語は用いられておらず、後年『宗教社会学論集』に収録するに際して書き加えられたものである。その意味では、彼が言うようにヴェーバー最晩年の観点だと言えるであろう。少なくとも宗教社会学関係の論考においては、西洋にのみ独特の合理主義が誕生し、他の地域ではそうならなかった最大の理由は、西洋においてのみ宗教の脱呪術化が起こったことに求められている。ヴェーバーが「資本主義の精神」の直接の起源をカルヴィニズムに求めたことは周知のことであるが、先に引用したように、カルヴィニズムは「世界の脱呪術化という宗教史上の偉大な過程」の「完結」とみなされ、「教会や聖礼典による救済を完全に廃棄した」ことが、カトリシズムとは「無条件に異なる決定的な点」だとされているのである（「倫理」S. 158, 二七九頁）。「主知主義的合理化」を「脱呪術化」と呼ぶことは単なる詩的・比喩的表現に過ぎないであろうが、宗教の脱呪術化はこのように実質的な意味を持っているのである。

だが、ここまで意味喪失との関連で考察してきたカルヴィニズム・ピューリタニズムの特徴、つまり「神の道具」としての人間観や被造物神化の拒否は、論理的に脱呪術化の帰結と考えうるのだろうか。もちろん、ヴェーバーがそのように主張していると言っているわけではない。彼の方法論からすれば、複雑な歴史的因果連関の一つをたどっているに過ぎないということになろう。しかし、それは少なくとも重要な因果連関であると考えられていることには間違いないし、また彼の著作を読む者には、必然的な経緯だという印象を与えることも事実である。

「神の道具」という見方は、「使命預言（die »Sendungs«-Prophetie）」と結びつけて説明されている。ヴェーバーは預言を「使命預言」と「模範預言（die »exemplarische« Prophetie）」の二つに分類している。前者は

「神の名において、……倫理的な、そしてしばしば行動的・禁欲的な性格の要求を現世に突きつけるような預言」であり、後者は「救済へ到りつく生活の、通例はそうした瞑想的で無感動的・エクスタシス的な生活の模範を身をもって示すような預言」である（「序論」S. 257, 六五–六六頁）。後者が人間を「神の容器（Gottes Gefäß）」と考え、「神の所有」、「神との合一」を目指すのに対して、前者では人間は「神の道具」と考えられる。カルヴィニズムの場合、神と人間の距離が最大化され、人間は神に与えられた使命を現世において実現するための文字通りの「道具」とみなされるに到るのである。

だが、「神の道具」観は宗教の脱呪術化の帰結であろうか。先に見たように、ヴェーバーは、救済の手段としての呪術が完全に否定されることにより、神から与えられた使命の遂行だけが救済の唯一の方法となる、とみなしていた。しかし、模範預言の場合の超越的存在との合一による救済は呪術的であろうか。現代の感覚からすれば呪術的とも言いうるが、そうであれば、人間には理解しえない神の存在を信じることも同様だとも言える。ヴェーバーが「世界の脱呪術化」の「完結」とするカルヴィニズムも、主知主義の立場からすれば、「神秘的な、予測しえない力」（「学問」S. 536, 三三頁）を信じているという点で、呪術的とみなされざるをえない。この点において「脱呪術化」を「主知主義的合理化」と「宗教の脱呪術化」の二つの意味で用いていることとの混乱が露わになる。それはともかく、少なくとも、教会や聖礼典による救済を拒否することは、預言の二つのタイプとは直接には結びつかないと考えられよう。

またこのことは、禁欲的＝合理的生活態度の成立という「倫理」論文の中心的テーマにまつわる混乱とも関わっている。「資本主義の精神」は、禁欲的＝合理的生活態度と新たな経済倫理という二重の意味を含んでいると思われるが、後者の成立がカルヴィニズム・ピューリタニズムによって説明されているのに対して、前者はすでに中世の修道院において成り立っていたとされ、カルヴィニズムはそれを世俗の世界に引き出したに過ぎない、とされている。そうであれば、禁欲的＝合理的生活態度の成立そのものは脱呪術化（の完結）によるものとは言えない、ということにならざるをえないであろう。

被造物神化の拒否から生じる事象化・非人格化および人間的感情の否定はどうであろうか。職業労働の事象化はいくつかの側面を持っているが、「資本主義の精神」の中心をなす営利追求という側面に限定すれば、それはいくつかの段階を経て成立すると考えられる。禁欲的＝合理的生活態度の成立→世俗内禁欲→営利追求である。ヴェーバーは「世界の徹底的な脱呪術化は、内面的に、世俗内禁欲に向かう以外、他の道を許さなかった」と述べているが（『倫理』S. 158, 二七九頁）、世俗外禁欲から世俗内禁欲への移行は、脱呪術化によって引き起こされるものとは考えられない。また、世俗内禁欲が営利追求と論理必然的に結び付くわけでもない。「資本主義の精神」はヴェーバーにおいて非常に重要な概念ではあるが、それは「勤労の精神」と「営利追求の精神」という二つの意味を含んでおり、しかも両者の関連は明確にはされていないのである(4)。かりに、世俗内禁欲が職業労働への専念（勤労）と結び付くとしても、それが必然的に営利追求に向かうとは限らない。論理的には、人々によりよい商品を提供し、周りの人々の満足に資するという方向も考えうるであろう。

この点は、人間的感情の否定という問題と関連する。ヴェーバーには人格的関係を前近代的なもの、事象的・非人格的関係を近代的なものとする捉え方がよく現れるが、これも脱呪術化の必然的帰結とは考えられない。なぜなら、感情は「呪術」ではなく、「呪術的なもの」でもないからである。つまり、脱呪術化が論理必然的に人格的関係や人間的感情の否定に到るとは言えないのである。事象的・非人格的な職業労働や人間的感情の否定は、脱呪術化そのものによってではなく、カルヴィニズム独特の宗教倫理＝神観念によって生み出されたものだと考えるべきである。こうしたことを考えると、ヴェーバーは宗教の脱呪術化という観点を重視しすぎだと言えるであろう。

本章の最初の問題意識に立ち戻れば、カルヴィニズム・ピューリタニズムにおいて、生の意味が切り詰められ、限りなく意味喪失に近づくのも、宗教の脱呪術化そのものではなく、同様にカルヴィニズム・ピューリタニズムの独特の宗教倫理のせいだと考えられる。

もっとも、これらの議論はヴェーバーにおける曖昧さや混乱の指摘にとどまり、彼の中心的な論点の批判や否定にはならない。近代資本主義の成立という歴史的に一回限りの個性的現象の（重要ではあるが、一つの）原因をこれまた個性的なカルヴィニズムの宗教倫理にまで遡って突き止めるということが、彼の行ったことなのである。ヴェーバーの言うような意味での近代資本主義の成立が歴史的必然であったとしても、それは一回限りの偶然の連鎖の上に成り立つ必然なのである。

だが、この論考で確認しておきたかったことは、それが宗教の脱呪術化の論理的必然的帰結ではないということ、つまり論理的には、他のあり方も可能であった、ということである。それは現在の資本主義、現在の「合理的」な組織や社会が、別様でもありうるという展望を持ちうるということ、また意味喪失の問題にも別の角度からのアプローチが可能であるということを意味している。山之内やヘニスが言うように、ヴェーバーはこうした「脱呪術化」の歴史的帰結を近代の宿命と受け止め、それに立ち向かおうとしたのであろう。だが、我々はその呪縛から解き放たれてもいいのである。

注

（1） 拙著「『儒教とピューリタニズム』における脱呪術化概念」（本書第8章）、「脱呪術化と合理化」（本書第9章）。
（2） 「救いの確証」という問題の重要性については、「倫理」S. 102–111, 一七三–一八五頁。
（3） この点に関しては、拙著「『儒教とピューリタニズム』における脱呪術化概念」（本書第8章）を参照されたい。
（4） ヴェーバーは「資本主義の精神」が資本家のみならず、労働者の精神でもあるとしているが、彼の議論はこの点において混乱を生じさせている。

参考文献

千葉芳夫「『儒教とピューリタニズム』における脱呪術化概念」、『社会学部論集』第五七号、佛教大学社会学部、二〇一三年。

千葉芳夫「脱呪術化と合理化」、『社会学部論集』第六〇号、佛教大学社会学部、二〇一五年。

エミール・デュルケーム、宮島喬訳『自殺論』、中央公論社、一九八五年。

ヴィルヘルム・ヘニス、雀部幸隆・嘉目克彦・豊田謙二・勝又正直訳『マックス・ヴェーバーの問題設定』、恒星社厚生閣、一九九一年。

姜尚中『マックス・ウェーバーと近代』、御茶の水書房、一九八六年。

フリードリッヒ・H・テンブルック、住谷一彦・小林純・山田正範訳『マックス・ヴェーバーの業績』、未來社、一九九七年。

山之内靖『ニーチェとヴェーバー』、未來社、一九九三年。

補遺　『マックス・ヴェーバーの犯罪』をめぐって

はじめに

羽入辰郎の『マックス・ヴェーバーの犯罪』は、ルターが“Beruf”という語をヴェーバーが主張するようには使っていなかったということを文献学的に明らかにしたという点でも、さらに、ヴェーバーを「詐欺師」、「犯罪者」と非難した点においても、衝撃的な書と受け止められた。

この書に対しては、すでに出版の翌年に折原が詳細な批判の書を出しており、また、ウェブ上でなされた議論を中心に『日本マックス・ウェーバー論争』がまとめられている[1]。だが、これらでは、学問における倫理性や理念型概念の問題性などへと論点が拡散し、羽入のヴェーバー批判の論点がかえって分かりにくくなっている。また、ルターが“Beruf”を「職業労働」という意味で用いた、という点を羽入が否定したのだ、という誤解も生じているようである。この論考では、羽入がヴェーバーのどこをどう批判したのかをもう一度振り返り、ヴェーバー解釈という問題に絞って彼の議論を検討してみたい。

1　羽入の指摘

羽入が問題としているのは、「プロテスタンティズムの倫理と資本主義の精神」(以下では、「倫理」論文と略す)の一章三節「ルターの天職概念」の初めに出てくる注の部分である。そこで――ヴェーバーの主張とは違って――、ルターが「コリントI」七・二〇を"Beruf"と訳していない、ということが彼の主張の中心となっている(『マックス・ヴェーバーの犯罪』八一頁)。

最初に、彼がヴェーバーの主張の論点として整理したものを引用しておこう(七六-七七頁)。

(1)ルターは「コリントI」七・二〇における〝身分〟の意味を含んだ「クレーシス」を"Beruf"と訳した。

(2)初期における"Ruf"から"Beruf"へのルターの用語の揺れ、(……)及び、後者へと訳語が暫時確定していったプロセスを「コリントI」七・二〇そのものが証している。

(3)「コリントI」七・二〇における勧告と「ベン・シラの知恵」一一・二一における勧告との双方の勧告における事柄としての類似性に影響されたために、前者の勧告「コリントI」七・二〇において"Beruf"という訳語を自身が用いたことに引きずられ、ルターは後者の勧告「ベン・シラの知恵」一一・二一においても、元来は宗教的観念を全く含んではいなかったギリシャ語「ポノス」をも、「コリントI」七・二〇におけると同様"Beruf"と訳すに至った。それは同時に、ルター個人の「神の全き特殊な摂理へのますます精緻化されてきた信仰」に影響された結果でもあった。

（4）「神の不変の意志によって望まれたものとして世俗の秩序を甘んじて受け入れようとする……彼の傾向」が、後に外典を翻訳した時期ほどにはまだ高まっていなかった「数年前」の時期に翻訳された「箴言」においては、したがってルターは訳語として“Beruf”ではなく“Geschäft”を選んだ。

（5）したがって、ルターの用語法の研究に際して、「箴言」二二・二九における“Geschäft”を考慮に入れる必要はないのである。

これだけでは、何が問題になっているのか分からないだろうと思われるので、少し解説を加えておこう。ヴェーバーは、「倫理」論文一章二節で、「資本主義の精神」の例として、フランクリンの言葉を引いている。その中に、フランクリンが聖書のある箇所を“calling”と訳したということが出てくる。これが「箴言」二二・二九である。そして、ヴェーバー当時の聖書では“Beruf”と訳されている箇所をルターはまだ“Geschäft”と訳していた、という注を付け、さらに後の注を参照するよう求めている（「倫理」S.36, 五〇頁）。そこで指示された注が、羽入の問題としている注なのである。

これは、先にも述べたが、一章三節の、本文に比して異常に長い3番目の注である。この注に到るヴェーバーの論旨は、次のようである。

ドイツ語の“Beruf”には、「世俗的職業労働」と「神から与えられた使命」という二つの意味が同時に含まれている。このような語は、プロテスタンティズムの優勢な諸民族以外には見られず、しかも、それは聖書の「翻訳者達の精神」に由来している。「ルターの聖書翻訳では、まず『ベン・シラの知恵』の一個所（一一章二〇、二一節）で現在と全く同じ意味に用いられているように思われる」（S.65, 九五-九六頁）。ここに問題の注が付けられているのである。

さて、「資本主義の精神」は、「世俗的職業労働」を「神から与えられた使命」とする観念に由来し、こうした観念はルターにおいて成立した、というのは、「倫理」論文の一般的な解釈に属することであろう。そして、ヴェーバーは、ルターが"Beruf"という語を「世俗的職業労働」を意味する語として初めて用いたのが、「ベン・シラの知恵」の一箇所だとここで述べているのである。

ここで確認しておくべきは、この点を羽入は批判していないということである。本来宗教的な意味を持っていた"Beruf"を、ルターが初めて、「世俗的職業労働」をも意味する語として用いた。このヴェーバーにとって「決定的な」主張を羽入は認めているのである。では、羽入が問題とする「コリントⅠ」七・二〇とは、いったい何なのか。

2 「コリントⅠ」七・二〇問題

これが何を問題としているかを明確にするためにも、この注におけるヴェーバーの議論を追っておく必要がある。

まず、ルターが初めて"Beruf"という語を世俗的職業労働の意味で用いたのであり、それ以前にはこの語(およびそれに相当する諸民族の語)は、この意味では用いられたことがない、という本文中でも述べられていることが繰り返されている。

そして、ルターは、「まったく異なった二つの概念を"Beruf"と翻訳している」。一つは、ギリシャ語の

「クレーシス」である。これは、「神によって永遠の救いに召される」という「純粋に宗教的な概念」である。第二に、「ベン・シラの知恵」において、世俗的職業労働（あるいは苦役）を意味する「ポノス」を“Beruf”と訳している。「ルターによる『ベン・シラの知恵』のこの個所の翻訳は、私の知るかぎりでは、ドイツ語の“Beruf”が今日の純粋に世俗的な意味に用いられた最初の場合だ」とヴェーバーは述べる（S. 66. 一〇二‐一〇三頁）。

ただ、“Ruf”については、ルター以前にタウラーがその語を世俗的職業労働の意味で用いている。しかし、これは全くの例外であって、「この語は、こうした意味でもって、世俗的用語の中に入りこんでいくことはなかった」（S. 66. 一〇三頁）。

この後、羽入が問題とする箇所が出てくる。（Ⅰ）「ルターも、最初のうちは“Ruf”と“Beruf”の間を揺れている……」（同）。だが、ルターへのタウラーからの直接の影響は明白ではない。「というのは、ルターは、最初はこの語をタウラーの右の一句にみるような純粋に世俗的な意味には用いていないからである」（S. 67. 一〇四頁）。

ここで段落が変わり、「ベン・シラの知恵」における用語法が論じられる。

「『ベン・シラの知恵』の訓戒は、一般に神への信頼が勧告されている以外、世俗的『職業』労働（“Berufs-Arbeit）に対して独自の宗教的評価などが加えられているわけではない……」。ただ二〇節の最初の勧告は、福音書の「クレーシス」とやや近い意味をもっているが、「ここではルターは“Beruf”の語を用いていない」。（Ⅱ）「ルターにおける“Beruf”という語のこうした一見全く相異なる二種の用語法に連絡を付けてくれるのは、『コリント人への第一の手紙』の中の章句とその翻訳だろう」（同）。ここで、羽入が問題とする「コリントⅠ」七・二〇が出てくるのである。

この節は、「現在普通に見られる」ルター訳聖書では、「各自は、召されたままの状態（Beruf）に止まっているべきである」となっている。しかし、（Ⅲ）「ルターは一五二三年にこの章の釈義で、まだ古いドイツ語訳にならってクレーシスを“Ruf”と翻訳し、さらに“Stand”（「身分、状態」）の意味に解している」（S. 67, 一〇五頁）。この場合に限って、「クレーシス」が“Stand”に相当することは明白だとヴェーバーは述べ、羽入もそれを認めている。

つまり、「コリントⅠ」七・二〇においては、通常は「神によって永遠の救いに召される」という「純粋に宗教的な概念」である「クレーシス」が、例外的に身分あるいは状態という世俗的な意味で用いられているのである。

その後、ヴェーバーは、次のように言う。（Ⅳ）「ところで、ルターは、各自その現在の状態（gegenwärtiger Stand）に止まれ、との終末観に基づく勧告の場合にクレーシスを“Beruf”と翻訳したが、そののち旧訳外典を翻訳した時に、各自その業（Hantierung）に止まるべきであるとの、『ベン・シラの知恵』の伝統主義・反貨殖主義に基づく勧告においても、両者（勧告）がただ内容上（事実上）類似している（sachliche Aehnlichkeit）ことから、ポノスを“Beruf”と翻訳している（これこそが決定的なまた特徴的な点なのだ）」（S. 68, 一〇六頁）。

これで、羽入が問題としている、「コリントⅠ」七・二〇、および、「“Ruf”から“Beruf”へのルターの用語の揺れ」が、何を――というより――ヴェーバーの議論のどこを対象にしているかは理解されたであろう。

3　羽入説の検討

羽入は(I)を"Ruf"から"Beruf"へと訳語が変わっていった、と解釈し、さらにそれを(II)、(III)、(IV)に結び付け、ルターが「コリントI」七・二〇における「クレーシス」を最初は"Ruf"と訳し、後には"Beruf"と訳すようになったとヴェーバーが主張している、というのである。

だが、ヴェーバーが「コリントI」に言及したのは、「ルターにおける"Beruf"という語のこうした一見全く相異なる二種の用語法に連絡を付ける（Die Brücke zwischen jenen beiden anscheinend ganz heterogenen Verwendungen des Wortes Beruf bei Luther）」（『倫理』S. 67, 一〇四頁）箇所としてである。(2)「ルターにおける"Beruf"という語の……二種の用語法」を"Ruf"と"Beruf"の二語の用語法ととるのは無理であろう。

羽入自身も次のように言っている。「ここでの『一見全く異なる二つの用法』という表現が、"Beruf"という語の二つの用い方の違い、すなわち、一方では『コリントI』一・二六、『エペソ』一・一八、四・一、及び四・四等……での『使徒によって告知された福音を通じて神によってなされ給う召しという純粋に宗教的な概念』（……）としての意味での用法と、他方では『ベン・シラの知恵』一一・二〇、二一における『今日における純粋に世俗的な意味での』（……）用法との違いのことを指していることは、……すぐに分かることである」（『マックス・ヴェーバーの犯罪』一〇七頁）。ヴェーバーの論旨を追えば、これが正しい解釈だと思われる。

だが、羽入は一度はこのように解釈しているにもかかわらず、「コリントI」七・二〇を"Ruf"から

“Beruf”への変化を示す箇所として論を進めてしまうのである。

また、（Ⅰ）の解釈も問題である。「最初のうちは“Ruf”と“Beruf”の間を揺れている」という箇所を、羽入は「後者へと訳語が暫時確定していったプロセスを『コリントⅠ』七・二〇そのものが証している」と解釈している。「後者へと訳語が確定していった」ということは含意しうるであろう。だが、それを「コリントⅠ」七・二〇が示している――つまり、ルターは最初は“Ruf”と訳した箇所を後には“Beruf”と訳すようになった――とする解釈には無理がある。

折原は、この「揺れ」を、ある箇所の語が「たとえば初期の“Ruf”から後期の“Beruf”に変わるという」「時間的な揺れ」ではなく、複数の箇所にまたがる「空間的な揺れ」だ、と解釈している（『ヴェーバー学のすすめ』七八頁）。前後の文脈から考えて、――そもそも、この「揺れ」への言及が、論の本筋を離れた注の中の注とも言うべきものである――この折原の解釈は妥当だと思われる。

また、ヴェーバーは「最初のうちは（anfangs）……揺れている」と言っているのであり、これを最初は“Ruf”を使い、後には“Beruf”を使った、とは解釈できないであろう。

羽入は、先に挙げた解釈によって、ヴェーバーの論旨を「ルターにおける“Ruf”から“Beruf”への訳語の変遷史をたどる」（『マックス・ヴェーバーの犯罪』八四頁）ものと理解しているが、こうした語の変化が問題となるのは、それが信仰の深化や変化と関連している限りにおいてであろう。ヴェーバーは“Ruf”を「古いドイツ語訳」と捉えているだけで、それと“Beruf”の意味の違いについては、なにも述べてはいない。そうであれば、「“Ruf”と“Beruf”の間を揺れている」というのは、ルターがどちらの語を使うか迷っていたということ、さらに言えば、それをほぼ同義の語として使用していたことを意味することになろう。とすれば、

――専門的なルター研究や宗教史なら別だが――"Ruf" から "Beruf" へと変化した時点を突き止めること自体には何の意味もない、ということになる。

そもそも、ヴェーバーが「倫理」論文のこの部分で主張しているのは、"Beruf" が「神から与えられた使命」と「世俗的職業労働」の二つの意味を含んでいること、および、この語を最初に後者の意味で用いたのがルターであった、ということである。この注は、それをさらに詳しく説明したものである。この二つの意味を橋渡ししているのが、「コリントⅠ」七・二〇であるが、羽入は、それを "Ruf" から "Beruf" への橋渡しをしている箇所と誤って解釈してしまったのである。

つまり、羽入は、誤読によって「ヴェーバーの主張」を作り上げたうえで、それを原資料に当たって否定して見せたということになる。

4　残された問題

こうして、羽入の論そのものは否定される。だが、それで一件落着、とはいかない問題が残されている。それは(Ⅳ)の文章である。羽入は、「各自その現在の状態に止まれ、との終末観に基づく勧告」を「コリントⅠ」七・二〇を指すものととっており、これが彼の主張の一つの根拠となっているようである。だが、ヴェーバーが明確にそう述べているのではない。むしろ、文章の流れからすれば、そうとはとりにくいのである。というのは、少し前の文で、ルターは一五二三年には "Ruf" と翻訳していた、とヴェーバーが述べているからである。その後、特段の説明もなく、突然ルターがそこを "Beruf" と訳した、と言っているとは考えにくい。

宇都宮は、ヴェーバーが特定の章句を引用するときには、どこであるかを明示し、場合によってはギリシャ語やヘブライ語の原語を示しているのに、この箇所はそうなっていないことに注意を促し、ここが特定の章句の引用ではない、と解釈している（「『コリントI』七・二〇問題再考」一二五-一二六頁）。折原もこの「勧告」を特定の章句を指すのではなく、「一般的な勧告」だと解釈している（『ヴェーバー学のすすめ』一三三頁）。

確かに、すぐ前で引用したのと同じ箇所を、表現を変え、またどの章句と明示もせずに引いたとは考えにくい。上に述べた文章の流れから言っても、宇都宮や折原の解釈は妥当なものと思われる。だが、意味の上からは、ここは"Beruf"の「二つの意味」を繋ぐ箇所なのだから、「コリントI」七・二〇を指さねばならない。つまり、表現や文章の流れからは「コリントI」七・二〇ではないが、意味の上からは「コリントI」七・二〇でなければならないのである。このようなことが可能であろうか。

折原も宇都宮もこの「勧告」が「コリントI」七・二〇をも含む章句の抽象的表現と解している。だが、「コリントI」七・二〇ではルターはまだ"Ruf"を使っていたのだから――しかも羽入によれば、生涯"Ruf"と訳し続けたのだから――、"Beruf"と訳した、というのは間違いだということになる。

折原は、これをヴェーバーが"Beruf"と"Ruf"との違いにそれほど拘らなかったことによる「小さなミス」だとしている（同）。「小さな」ミスかどうかの判断は置くとして、先に指摘したように、ルターの「"Ruf"と"Beruf"の間の揺れ」が、両語をほぼ同義で用いていたことを意味するのであれば、ヴェーバーは両語の違いにさほど拘る必要はない、と考えていたと推測しうるであろう。

つまり、この箇所は不正確な表現なのであり、正しくは「……"Beruf"あるいは"Ruf"と翻訳した」と言うべきであったろう。先に指摘した、表現と意味との食い違いを解消するには、この解釈しかないように思われる。

この不正確な表現に先に述べた誤読を重ね合わせて、羽入は「ヴェーバーの主張」なるものを作り上げているのである。

これで、羽入の論拠は完全に崩れることになる。

そもそも、羽入の解釈はヴェーバーの関心に沿ったものではない。彼は“calling”と“Geschäft”そして“Beruf”および“Ruf”という語の関連を辿ることが「倫理」論文の中心的な論旨だとしている。しかし、ヴェーバーの関心は「訳語の変遷史」自体にはない[3]。だから、かりにこれに関して不十分な点があったとしても、それを責めることはできないであろう。

だが、確かに、細部へ細部へと入り込んでいくヴェーバーの文章は読みにくい。時として、何が本筋か分からなくなってしまう。こうした文章の書き方をこそ「犯罪的」だと言うのであれば、諸手を挙げて賛成するのだが。

注

（1）折原浩『ヴェーバー学のすすめ』、未來社、二〇〇三年。橋本努・矢野善郎編『日本マックス・ウェーバー論争』、ナカニシヤ出版、二〇〇八年。

（2）岩波文庫版の大塚訳では、ここは「Beruf に関するルッターのこうした一見まったく相異なる二種の用語法に……」となっており、意味が不明瞭になっている。

（3）　だからこそ、この問題は注の中で扱われたのであろうし、「資本主義の精神」の直接の起源とされるカルヴィニズムに関しては、"Beruf"（あるいはそれに当たる）語への言及は見られない。

参考文献

羽入辰郎『マックス・ヴェーバーの犯罪』、ミネルヴァ書房、二〇〇二年。

折原浩『ヴェーバー学のすすめ』、未來社、二〇〇三年。

宇都宮京子「『コリントI』七・二〇問題再考」、橋本努・矢野善郎編『日本マックス・ウェーバー論争』所収。

あとがき

本書にまとめられた論文を読み返してみて思うのは、ヴェーバーの問題意識が「個の成立と個の困難」というところにあったのではないか、ということである。もちろんそれは、私がその視点からヴェーバーを読んできたということでもあろうが。

しかし、このテーマは、同時代のデュルケムやジンメルにも共通するものである。デュルケムはエゴイスムやアノミー、ジンメルは文化の悲劇といった概念装置をとおしてこの問題に迫ろうとした。ヴェーバーは合理化（西洋独特の合理主義）という視角からこの問題を考察したのだと考えられる。

合理化が個の成立を可能にすると同時に困難をもたらしたとみるなら、合理化に対する彼の評価がアンビバレントなものになるのも無理からぬことだと言えよう。

ヴェーバーはこの合理性を決して、効率性・能率性に回収されるような単純なものとは捉えていない。いくつかの章で詳論したように、法、経済、支配（官僚制）、さらに生活態度といった領域毎に、それぞれ異なった合理性が見いだされている。しかも多くの場合、単純に一つの合理性が進展していくとされるのではなく、複数の合理性の存在が指摘され、それらの絡み合いの内で、近代西洋に「独特の合理主義」が成立し、展開したと捉えられているのである。さまざまな合理性が複雑に絡み合い、結果として生じた現象にも正負両面が切り離しがたく存在する。このような解釈が許されるとするなら、ヴェーバーの迷宮は、近代合理性そのものの迷宮であった、ということになる。

ヴェーバー以降、社会学ではルーマンやハーバーマスが合理性問題と取り組んできた。だが、一九八〇年代以降のポストモダンと呼ばれる潮流は、理性や合理性といった理念に否定的であり、それを脱構築してきたと言ってよい。

だが、個の困難という事態は現在においてもさまざまな形で存在している。それは近代合理性を通り過ぎた時代のものと考えるべきなのだろうか。仮にそうであるとしても、そこには近代合理性との何らかの継続性が存在するのではないだろうか。そうであれば、ヴェーバーにおける合理性問題についての考察は、現代の状況においても意義を持つということになる。しかしながら、この点も含めて、本書の評価はいずれにせよ読者諸氏に委ねる他ない。

次に本書に収められた論文の初出を示しておく。

「揺れるヴェーバー」『佛大社会学』第二五号、二〇〇〇年、佛教大学社会学会

「近代のペシミズム―ヴェーバーとニーチェをめぐって―」『社会学部論集』第三二号、一九九九年、佛教大学社会学部

「ウェーバーにおける科学と合理性」『大谷學報』第七四巻三号、一九九五年、大谷学会

「『神々の闘争』と科学」『社会学部論集』第二九号、一九九六年、佛教大学社会学部

「ヴェーバーにおける普遍性の問題」『佛教大学総合研究所紀要』第一二号、二〇〇五年、佛教大学総合研究所

「『法社会学』における形式合理性と実質合理性」『社会学部論集』第四三号、二〇〇六年、佛教大学社会学部
「ヴェーバーと官僚制」『社会学部論集』第五四号、二〇一二年、佛教大学社会学部
「『儒教とピューリタニズム』における脱呪術化概念」『社会学部論集』第五七号、二〇一三年、佛教大学社会学部
「脱呪術化と合理化」『社会学部論集』第六〇号、二〇一五年、佛教大学社会学部
「脱呪術化と意味喪失」『社会学部論集』第六六号、二〇一八年、佛教大学社会学部
「『マックス・ヴェーバーの犯罪』をめぐって」『佛大社会学』第三四号、二〇〇九年、佛教大学社会学会

表記や注の形式の統一、および誤植などの誤りの訂正以外、内容に関わる変更は行っていない（ヴェーバーとは違って、これは本当です）。今では解釈や意見の変わっているところもあるが、手を加え始めると限りなく続きそうな気がするので、そのままにしておいた。また、Weberのカタカナ表記は、基本的には「ヴェーバー」としたが、書名や引用文中で「ウェーバー」となっているところは、そのままにしてある。

振り返ってみると、本書に収められた論文は、大学院以来四十年以上続いている研究会でまず発表し、それを原稿化したものがほとんどである。メンバーの多くが職を得てからは、年に一度、まだ暑さの残る九月に開催されてきた研究会では、忌憚のない意見が出され、時に厳しい批判を受けることもあった。その後の楽しい宴とともに、この研究会の仲間の支えがなければ、このようなテーマの研究を続けることは困難であ

ったろう。

また、佛教大学では院生を中心とした「ヴェーバー研究会」の存在も大きかった。ともすれば雑事に流されそうになる現在の大学状況の中で、若い院生や先生方と共にテキストを読み、議論をする時間はかけがえのないものであり、そこからさまざまな刺激を与えられ、研究への思いを新たにすることができた。

最後に、本書は佛教大学の出版助成を得て出版されたものである。また、ミネルヴァ書房の浅井さんには大変お世話になった。記して謝意を表したい。

人名索引

事項索引

タ　行

ハ　行

マ　行

ヤ　行

ラ　行

〈著者紹介〉

千 葉 芳 夫（ちば・よしお）

1950年愛媛県生まれ

京都大学大学院文学研究科社会学専攻博士後期課程単位取得退学

大谷大学文学部助教授，佛教大学社会学部助教授を経て，

現在　佛教大学社会学部教授

MINERVA 社会学叢書57

ヴェーバーの迷宮 迷宮のヴェーバー

2019年12月20日　初版第1刷発行　〈検印省略〉

定価はカバーに
表示しています

著　者　千　葉　芳　夫

発行者　杉　田　啓　三

印刷者　江　戸　孝　典

発行所　株式会社　ミネルヴァ書房

607-8494 京都市山科区日ノ岡堤谷町1
電話代表 075-581-5191
振替口座 01020-0-8076

共同印刷工業・新生製本

ISBN978-4-623-08733-4

Printed in Japan